शिवनारायन

शिवनारायन

धीरेन्द्र सिंह जफ़ा

वाणी प्रकाशन

वाणी प्रकाशन

4695, 21-ए, दरियागंज, नयी दिल्ली 110 002

फ़ोन : +91 11 23273167 फ़ैक्स : +91 11 23275710

शाखाएँ

अशोक राजपथ, पटना 800 004, बिहार

कॉफ़ी हाउस कैम्पस, महात्मा गांधी मार्ग, इलाहाबाद 211 001, उत्तर प्रदेश

महात्मा गांधी अन्तरराष्ट्रीय हिन्दी विश्वविद्यालय, वर्धा 442 001, महाराष्ट्र

सुल्तानिया रोड, मोतिया पार्क, भोपाल 462 001, मध्य प्रदेश

www.vaniprakashan.com
marketing@vaniprakashan.in
sales@vaniprakashan.in

SHIVNARAIN
by Dhirendra Singh Jafa

ISBN : 978-93-89915-31-0
Story

प्रथम संस्करण 2020

मूल्य : ₹ 60

सिटी प्रेस, दिल्ली-110 095 में मुद्रित

वाणी प्रकाशन का लोगो मक़बूल फ़िदा हुसेन की कूची से

बाबू शिवनारायन अड़तालीस वर्ष के हो चुके थे। इतनी उम्र में वे ग़रीबी, दरिद्रता, तिरस्कार से उठकर समृद्धि और प्रतिष्ठा तक का सफ़र पार कर चुके थे। एक पूरा पेट खाना न पाने वाला बालक अपने आत्मबल, दृढ़-निश्चय और लगन से आज ज़मींदारों और नवाबों की पंगत में बैठने लगा था। दरवाज़े पर हाथी बँधा था, शहर में सवारी के लिए बग्घी उपलब्ध थी, और बड़े लोगों के घर जाने के लिए एक फ़ोर्ड मोटर कार। ज़मींदारों के कारिन्दे राय-मशविरा करने आते तो हाथ में एक-दो मछली, दो-चार चिड़ियाँ और हिरन आदि के गोश्त का नज़राना तो लाते ही थे। एक निपुण ख़ानसामा की मदद से अब वे एक जाने-माने मेज़बान भी बन चुके थे। शहर के रईस और आला अफ़सर उनके दस्तरख़ान पर अक्सर नज़र आते थे।

परन्तु अड़तालीस वर्ष पूरे होते ही बाबू शिवनारायन कुछ परेशान, कुछ खीझे से रहने लगे थे जैसे सारा रुपया-पैसा, ऐश्वर्य, समृद्धि उनकी सन्तुष्टि के लिए पर्याप्त न हो, जैसे उन्हें किसी

अन्य उपलब्धि की तलाश हो। इस समय अक्सर उनका दिमाग़ उन्हें अपने बचपन की ओर ले जाता था। उस समय में ग़रीब घरों में बच्चों के दिल बहलाने का मूल साधन दादी-नानी की कहानियाँ होती थीं। सारी नैतिक शिक्षा और जीवन व्यतीत करने की आदर्श संहिता रामायण और महाभारत के वृत्तान्तों के माध्यम से बच्चों के मस्तिष्क में भरी जाती थीं। परन्तु, घरों में सम्पन्न कराये गये हवन-यज्ञ, कथा-भागवत, पूजा-अर्चना अधिकतर बच्चों को धर्म की ओर आकर्षित करने के बजाय उदासीन बना देते थे। शायद इसलिए कि पण्डितों द्वारा संस्कृत में मुनमुनाये श्लोक-मन्त्र उनके सिर के ऊपर से निकल जाते थे और सारा कर्मकाण्ड केवल एक सामाजिक अनिवार्यता ही बनकर रह जाता था। इनसे अधिक प्रभाव उन कथाओं का होता था जिनमें दर्शाया जाता था—राम का पिता की आज्ञा का पालन करना, विषम स्थितियों में भी विवेक और दया से काम लेना, पांडवों का सत्य और न्याय के लिए युद्ध करना और सब कुछ प्राप्त करने के पश्चात् सब कुछ छोड़कर वानप्रस्थ कर जाना।

इन कथाओं में मनुष्य का अन्तिम लक्ष्य एक ही प्रतीत होता था—जीवन की चार अवस्थाओं से निकलकर बैकुण्ठ पहुँचना और मोक्ष को प्राप्त करना। शिवनारायन पूर्ण रूप से मोक्ष का अर्थ या भाव तो नहीं समझ पाता था, परन्तु उसकी प्राप्ति का उद्देश्य उसके मन में घर कर चुका था। एक अस्पष्ट रूप से वह मानने लगा था कि ब्रह्मचर्य, गृहस्थ, संन्यास आदि अवस्थाओं के दूसरे छोर पर ही वह अन्तिम मंज़िल मिलने की सम्भावना है जिसके लिए सभी श्रेष्ठ व्यक्ति प्रयास और साधना करते हैं। दूसरा यह कि संसार में बहुत कुछ अर्जित कर लेने के पश्चात अन्त में सब कुछ त्यागना ही है। चाहे श्री राम, चाहे गौतम बुद्ध, चाहे पांडव, सबने ही ऐसा किया।

बचपन से प्राप्त शिक्षा और संस्कार शिवनारायन की अवचेतना में अब निरन्तर प्रकट होते रहते थे। मोक्ष और त्याग जैसे गूढ़ विषय

उसकी समझ में कुछ-कुछ आने लगे थे। वैसे वह उन व्यक्तियों में से था जो एक बार मंज़िल को अभीष्ट मान लें तो उसकी ओर चल पड़ते हैं, रास्ता अपने आप बनता जाता है। शिवनारायन ने ब्रह्मचर्य अवस्था इसी प्रकार पार की थी। उस समय उसका लक्ष्य केवल पढ़ाई करना और किसी क़ाबिल बनना था। माँगी-जाँची किताबों से मिडिल पास किया, ट्यूशन पढ़ा कर मैट्रिक से निकला फिर रिश्तेदारी के एक चाचा के घर अलीगढ़ शहर पहुँचा। बहुत विनती अनुरोध पर चाचा उसे घर में रखने को राज़ी हो गये। एवज़ में शिवनारायन सुबह चार बजे उठकर घर की सफ़ाई, झाड़ू-बुहार करता, भैंस का चारा गोबर आदि करता, और फिर इंटर की पढ़ाई करने कॉलिज जाता। शाम को छोटे बच्चों को ट्यूशन पढ़ाता और देर रात तक अपनी पढ़ाई करता।

इस तरह इंटर तक का सफ़र तो निकल गया। चाचा चाहते थे कि शिवनारायन को कहीं छोटा-मोटा बाबू का काम दिलवा दें, या पाठशाला में मास्टर लगवा दें। कमाई का कुछ हिस्सा तो उनकी गृहस्थी में लगायेगा ही। परन्तु शिवनारायन के लिए अभी मंज़िल की राह शुरू ही हुई थी। पढ़े-लिखे, आम हिन्दुस्तानियों के लिए मास्टरी, बाबूगिरी अथवा पटवारी जैसी नौकरियाँ ही उपलब्ध थीं। डिप्टी-कलक्टर और उससे भी ऊँचे कलक्टर की नौकरी पाने के लिए न केवल ऊँची शैक्षिक योग्यता वरन् ऊँचे ख़ानदान से भी होना एक तरह से अनिवार्य था। इसके अतिरिक्त जीवन में इज़्ज़त-दौलत-शोहरत हासिल करने के लिए वकालत ही एक सीधा रास्ता रह जाता था। शिवनारायन अपनी मंज़िल निर्धारित कर चुका था। परेशानी आर्थिक साधन की थी। रोज़मर्रा का जेब ख़र्च तो वह ट्यूशन से निकाल लेता था, पुस्तकें अधिकतर माँग कर पढ़ लेता था। कॉलिज की फ़ीस और समय-समय पर कपड़ा, जूता आदि या कुछ क़ीमती परन्तु अति-आवश्यक किताबें एकदम से मुसीबत खड़ी कर देती थीं। चाचा की सहायता के बिना आगे बढ़ना टेढ़ी खीर दिखती थी। अब चाचा यह बोझ उठाने को राज़ी

हों या न हों, कोई निश्चित तो था नहीं। इसलिए शिवनारायन ने चाची की मदद लेने की ठानी। वैसे भी जब कभी उसकी जेब में एक-दो आने होते तो वह चाची के लिए आलू-टिक्की या मटर-चाट का एक दोना अवश्य ले आता था। थकी-हारी हों तो उनके पाँव भी दबा देता था। छोटी-छोटी बातों का ध्यान रखने से स्त्रियों का चित्त बड़ा प्रसन्न रहता है। सो चाची शिवनारायन का मन रखने के पक्ष में तुरन्त हो गयीं।

चाचा भोजन के बाद जब हुक़्क़े के कुछ कश ले चुके तो चाची ने आहिस्ता से बात शुरू की।

"शिवनारायन ने बड़ी मेहनत से पढ़ाई की है", वे बोलीं, "उसके नम्बर भी बहुत अच्छे आये हैं।"

"हाँ, यहाँ आया तो इंटर तो करवा ही दिया", चाचा बोले, "अब कुछ काम मिल जाये तो किनारे लगे।"

"अभी नौकरी की क्या जल्दी है? कुछ आगे न पढ़वाइयेगा?" चाची ने कहा।

"अब अपने पैरों पर खड़ा होने दो, आगे की पढ़ाई ज़रूरी नहीं है। वैसे भी बी.ए.-एम.ए. की पढ़ाई महँगी होगी।"

"वह तो है, मगर उसका इतना मन है वकालत पढ़ने का, पढ़वा दीजिए न?"

आदत के अनुसार चाचा भोजन के पहले कुछ पी चुके थे। तैश में बोले, "हाँ, हाँ। बाप तो कुछ देते-दिवाते नहीं। सब कुछ मैं ही झेलूँ। वकील बन जायेगा तो क्या मेरे लिए हाथी ख़रीद देगा?"

चाची ने कुछ देर चुप रहने के बाद पैंतरा बदला। वे बोलीं, "अपना बेटा तो है नहीं। भतीजा ही वह स्थान पाये है। मामूली बाबू बन गया तो कौन-सा चाँद ख़ानदान को लग जायेगा? आख़िर वह पुलिस इंस्पेक्टर के घर का लड़का है, आप रिटायर हो गये तो क्या?"

पुलिस-इंस्पेक्टरी के दिनों की याद चाचा के दिमाग़ में ताज़ा हो उठी। एक हलकी मुस्कान के साथ वे मूँछों पर ताव देने लगे। चाची सही नस दबा चुकी थीं। समझदारी से बात वहीं छोड़ दी।

दूसरे दिन भोजन के बाद चाची पान की तश्तरी लायीं। चाचा ने गिलौरी गाल में दबाते हुए कहा, "आप इस लड़के को वकील बनवाना चाहती हैं?"

चाची ऐसे खेल कई बार खेल चुकी थीं। सो वे बोलीं, "अरे मेरी छोड़िये। आप भी तो इसे एक दिन बड़ा आदमी बनना देखना चाहते हैं।"

चाचा ने फिर मूँछों पर हाथ फेरा। इसका अर्थ था कि शिवनारायन चाचा के घर रहकर आगे की पढ़ाई करेगा। आवश्यकता के अनुसार बड़ा ख़र्च चाचा उठायेंगें, रोज़मर्रा का ख़र्च वह स्वयं ट्यूशन आदि से निकालेगा। शिवनारायन ने सन्तुष्टि से साँस ली। आगे का रास्ता साफ़ हो गया था। केवल एक बात उसको रह-रहकर कचोटती थी—वह थी चाचा की तानाकशी, वह हाथी ख़रीदने की बात। अगले कुछ वर्षों में जब भी वह चाचा-चाची के एहसानों का सोचता, वह हाथी की बात उसे अवश्य याद आ जाती थी।

समय बीता। सर सैय्यद के एंग्लोओरिएंटल कॉलिज से शिवनारायन ने बी. ए. पास किया। उसके बाद एल.एल.बी. की डिग्री भी हासिल कर ली। अब सवाल उठा वकालत शुरू करने का। चाची चाहती थीं कि वह उनके पास रहकर अलीगढ़ में ही कोर्ट-कचहरी शुरू करे। परन्तु शिवनारायन के मन में अपना शहर ही बसा हुआ था। उसके जीवन का संघर्ष तो वहीं होना था जहाँ उसे अनेक बार पराजय, अवहेलना, तिरस्कार झेलने पड़े थे।

अपने शहर पहुँचते ही उसने एक वकील की तलाश की, जिसका जूनियर बनकर वह पेशे की शुरुआत कर सके। अन्त में उसने एक बुज़ुर्ग, या कहिये मरणासन्न वकील को अपना गुरु बना लिया। लगन और परिश्रम से शिवनारायन बहुत जल्दी क़ानूनी दाँव-पेंच सीख गया। नये मुवक्किल स्वयं उसको ढूँढ़ने लगे। छह माह बीतते-बीतते, जैसी उसे उम्मीद थी, गुरु जी स्वर्ग सिधार गये। मुक़दमों का अम्बार उसके हाथ लग गया। वकील होने के नाते

शिवनारायन का एकमात्र ध्येय मुक़दमा जीतने का होता था, सच या झूठ इतने महत्त्व के नहीं होते थे जितनी क़ानूनी कलाबाज़ियाँ। मुक़दमों की बारीक़ियों का घोर अध्ययन और उसके लिए नज़ीरें इकट्ठा करना उसकी महारत में था। मेहनताना तो वह नक़द लेता ही था, परन्तु बड़े मुक़दमों में रईसों, ज़मींदारों से केस जिताने पर एक निश्चित भूमि का सौदा भी कर लेता था। दिनोदिन नकदी और ज़मीन-जायदाद उसकी टेंट में आ रहे थे। अपनी नयी हैसियत के मुताबिक़ उसने एक बड़ा मकान किराये पर लिया। शहर के एक छोर पर निजी कोठी के निर्माण के लिए एक बड़ी ज़मीन ख़रीद ली। कचहरी आने-जाने के लिए एक ताँगा-घोड़ा रख लिया। बहरहाल, लक्ष्मी जी की कृपा थी, परिवार वाले उसकी सफलता से स्तब्ध थे ही, समाज भी उसकी ओर विस्मय से देखने लगा था, जिसमें आदर के साथ कुछ भय भी शामिल था।

समय बीता। एक रईस ज़मींदार तीन हाथियों का काफ़िला लेकर एक दिन शहर पहुँचे। अन्य कार्यों के साथ उन्हें ज़मींदारी के मामलात में एक कुशाग्र वकील से भी परामर्श करना था। मामला मालगुज़ारी का था, नया गोरा कलक्टर बहुत अधिक रुपयों का नोटिस भेज चुका था। यदि मान लेते तो घर का काफ़ी कुछ चला जाता। शिवनारायन ने केस के अध्ययन के लिए दो दिन का समय माँगा। तीसरे दिन उसने ज़मींदार साहब के आते ही कहा, "कागज़ात मैंने देख लिए हैं, केस मैं आपको जिता दूँगा।"

ज़मींदार साहब इस नौजवान वकील का मुँह देखते रह गये। यह उसका आत्मविश्वास था या उद्दण्डता! अन्य वकीलों ने गोलमोल राय ही दी थी कि ऐसा भी हो सकता है और वैसा भी। ख़र्चा भी उनकी हैसियत के हिसाब से हज़ारों में बताया था। अन्त में शिवनारायन की निश्चयी और आत्मविश्वासपूर्ण मुद्रा देखकर ज़मींदार साहब ने उसे केस सौंपने का फ़ैसला कर लिया।

"ठीक है। यदि आप मुझे यह केस जिता सकते हैं, तो मैं भी उसी हिसाब से आपका ख़र्चा दूँगा। बोलिए कितना लगेगा?"

शिवनारायन ने तपाक से कहा, "नक़द एक पैसा न लूँगा जिस दिन आप अपनी जीत का फ़ैसला सुनेंगे उसी दिन आप एक हाथी मेरे दरवाज़े पर बँधवा देंगे।"

कुछ देर सोचने के बाद ज़मींदार साहब बोले, "मुझे मंज़ूर है।" यह कहते ही वे अपने कारिन्दे को वकील के पास छोड़कर चले गये। डेढ़ वर्ष की जद्दोज़हद के बाद शिवनारायन ने आख़िर वह मुक़दमा जीत लिया। यह दीगर बात थी कि कितने झूठे गवाह और साक्ष्य पेश किये गये थे, कितने मूल कागज़ात के महत्त्वपूर्ण शब्द चिलम के अँगारे गिरने से जल कर ग़ायब हो चुके थे। बहरहाल, ज़मींदार साहब ने भी अपना वायदा निभाया। शाम को शिवनारायन कचहरी से लौटे तो घर के बाहर भीड़ लगी हुई थी। सैकड़ों बच्चे, आदमी, औरतें दरवाज़े पर बँधे हाथी को निहार रहे थे।

घरवालों के कहने पर शिवनारायन ने हाथी को रोटियाँ और गुड़ खिलाया। फिर मुस्कराते हुए घर के भीतर गये। तुरन्त मुंशी जी को बुलाकर एक तार लिखवाया जिसका मज़मून था–'एलिफ़ेंट एराइव्ड। कम फ़ार राइड इमीडिएटली। शिवनारायन।' अर्थात, 'हाथी आ गया हैं। सवारी के लिए तुरन्त आयें।'

तार डबल एक्सप्रेस करके चाचा को अलीगढ़ भेजा गया। तार-प्राप्ति के बाद जो हुआ वह कुछ इस प्रकार था–चाचा ने कई बार तार पढ़ा, कुछ देर सोचने के पश्चात् उसका पूर्ण भाव व अर्थ उनकी समझ में आया। तार ले जाकर चाची को थमाया, उनके कहने पर उसका हिन्दी अनुवाद सुनाया। चाची झट से समझ गयीं, उनका चेहरा एक अजीब प्रकार की ख़ुशी और साथ ही थोड़ी शैतानी की आभा से खिल उठा। बोलीं, "तो क्या सोच रहे हैं?"

"सोचना क्या?" चाचा बोले। "चलने की तैयारी करो।"

"उसे ताना दिये थे? अब कौन-सा मुँह ले कर जाओगे?" चाची ने उलाहना दिया।

"क्यों? आख़िर मेरा भतीजा है। जाऊँगा कैसे नहीं? ज़रूर जाऊँगा, हाथी पर सवारी अवश्य करूँगा," चाचा ऐंठकर बोले,

जैसे उन्होंने भी कोई एक मंज़िल हासिल कर ली हो। अगर भतीजा गर्व से अपनी कामयाबी सबसे पहले चाचा को दर्शा रहा था, तो चाचा भी अपने क्षमा और प्रेम-भाव से उसकी सफलता में हर्ष और भागीदारी दिखाने के लिए तत्पर थे।

घर पहुँचने पर चाचा-चाची का बड़ा सम्मान-स्वागत हुआ। नौकर-चाकर उनकी सेवा में लगाये गये। इतवार के दिन हाथी पर हौदा कसवाया गया। उस पर एक मोटा गद्दा रखवाकर महावत ने सबसे पहले चाचा को चढ़ाया। चाचा अपने पूरे रौब में सामने की ओर बैठे और शिवनारायन की प्रतीक्षा करने लगे। कुछ क्षण बीतने पर उन्होंने पुकारा, “शिब्बू, आओ भई, इधर मेरे पास बैठो।”

नीचे से शिवनारायन ने गम्भीरता से कहा, “चाचा, आप बच्चों को अपने साथ घुमवा दीजिए। मैं अभी हाथी पर चढ़ने लायक नहीं हुआ हूँ।”

ख़ानदान के बच्चे “मैं भी...मैं भी” कहते हुए हाथी पर चढ़ गये। इधर चाचा अपनी नम आँखें पोंछ ही रहे थे कि हाथी खड़ा होकर शहर का चक्कर लगाने चल पड़ा। उधर ज़मीन पर शिवनारायन के बूढ़े पिता मोढ़े पर बैठे सब कुछ विस्मय से देख रहे थे। शिवनारायन की माँ तो थीं नहीं, चाची भाव-विभोर होकर आगे बढ़ीं और शिवनारायन से लिपटकर उसका सर चूमने लगीं।

मेहमानों की विदाई के बाद शिवनारायन ने अपने जीवन प्रवाह की समीक्षा की। कुछ ऊपर-नीचे अवश्य रहा परन्तु ले-देकर उसका अभी तक का सफ़र सन्तोषजनक ही था। शिक्षा ग्रहण और जीवनयापन के मार्ग की प्रशस्ति आदि, यह सब तो पूरे हो चुके थे। अब गृहस्थ-आश्रम की वेला थी। अतः पिताजी से एक दिन निस्संकोच कहा, “बाबू सोचता हूँ कि महरी-महराजिन के सहारे घर कब तक चलेगा।”

पिता उसका आशय समझकर हर्षाये और एक माह के भीतर एक कुशल, देखने में ठीक-ठाक यद्यपि अनपढ़ी बहू ले आये। शिवनारायन का गृहस्थ जीवन चल पड़ा। दो पुत्रों की प्राप्ति हुई

परन्तु दूसरे के जन्म के उपरान्त पत्नी का स्वास्थ्य बिगड़ने लगा और वह सीधी-सादी, सहनशील अबला छह माह के भीतर संसार से कूच कर गयी। जिस अवस्था के ऊपर अपना बस न चले उसके लिए हर्ष या वियोग निरर्थक था परन्तु फिर भी उसकी मृत्यु शिवनारायन के लिए एक असुविधा तो थी ही। वैसे भी वह समय था जब एक मर्द अपने जीवनकाल में कम-से-कम दो स्त्रियों का उपभोग तो कर ही लेता था। कारण, प्रसव और उसके बाद की जटिल बीमारियों से पार पाना कठिन समस्या थी। न डॉक्टर थे, न प्रभावशाली दवाएँ और न स्वच्छता के विषय में जागरूकता।

घर-गृहस्थी तो चलानी ही थी। अतः रिश्तेदारी में सूचना पहुँचा दी गयी कि शिवनारायन के लिए एक बहू की तलाश शीघ्र की जाये। चाची फिर काम आयीं। उन्होंने अलीगढ़ के एक धनाभाव वाले परिवार की एक अति सुन्दर, मिडिल तक शिक्षित कन्या तलाश ली। शिवनारायन उसे देखते ही मुग्ध हो गये। दोनों की आयु में अन्तर कुछ अधिक था, ऊपर से लड़का विधुर और दो बच्चों का बाप। अतः माता-पिता ने कन्या की सहमति लेना आवश्यक समझा। आख़िर में एक हाथी-नशीन, उदीयमान वकील की जीत हुई, मगर कन्या ने भी कुछ शर्त रख दी। उसे शराब और गोश्त से नफ़रत थी। दूल्हा इन दो वस्तुओं का सेवन न करे तो उसकी ओर से कोई आपत्ति नहीं थी। उसके रूप और यौवन पर आसक्त शिवनारायन ने आनन-फ़ानन में हाँ कर दी। मीट-मच्छी तो वह शौक़ से खाता ही था, और अब रईसों की सोहबत में एक-आध जाम भी चलने लगा था। अतः शर्त को मान लेना उसके सदाशय का परिचायक तो हो सकता था परन्तु उसके पालन के प्रति आश्वस्त नहीं कर सकता था। वैसे भी शिवनारायन के दृष्टिकोण में गृहस्थ-अवस्था जीवन का रस और स्वाद लेने के लिए थी और वह किसी भी प्रकार के रसास्वादन से अपने आपको वंचित नहीं रखना चाहता था। उसके संज्ञान में यह वह अवस्था थी जब चारों द्वेषों—काम, क्रोध, मोह, अहंकार—को पल्लवित होने देना ही उनकी

तृप्ति का साधन बन सकता था जिससे अन्त में उनकी निरर्थकता का आभास हो सके, और उनको तिलांजलि दी जा सके।

बहरहाल जिह्वा के ऊपर नियन्त्रण न हो सका। शर्त का उल्लंघन चोरी-छिपे आरम्भ हुआ और संकोच से गुज़र कर बेशर्मी तक पहुँच गया। श्रीमती जी का आहत मन निराशा और पीड़ा के सागर में बहता हुआ अलगाव, अवज्ञा, तिरस्कार और अन्त में घृणा के तट पर आ पहुँचा। दो सौतेले पुत्रों और ससुराल के रिश्तेदारों से विरक्ति होने लगी, प्रेम और घनिष्ठता सिमटकर अपनी कोख से जन्मे पुत्र-पुत्री और मायके के सदस्यों तक ही रह गयी। बाबू शिवनारायन वैसे भी देर शाम तक अपने दफ़्तर से लगे बड़े कमरे में बैठकर मिलने वालों की सोहबत का आनन्द लेते थे और अक्सर वहीं उनका खान-पान भी हो जाया करता था। उसके बाद ही वे रात्रि-विश्राम के लिए घर के भीतरी कक्ष में आते थे। पत्नी की उदासीनता और ठण्डे बिस्तर की आशंका से अब उनके पाँव रुकने लगे थे। धीरे-धीरे उनका घर के भीतर प्रवेश एक तरह से समाप्त ही हो गया। कुछ दिनों बाद नौकरों की कानाफूसी में सुनाई पड़ने लगा कि कोई बाहरी महिला रात में उनके निजी कक्ष में जाती दिखी, या कोई अन्य युवती ब्रह्ममुहूर्त में उनके कक्ष से बाहर आती दिखी। कुछ दिन और बीते तो बाहरी औरतों का उनके कक्ष में आना-जाना सामान्य लगने लगा। परिवार वाले शाम होते ही उनके कक्ष की ओर से मुँह मोड़ लेते थे। नौकर और दूर-दराज के रिश्तेदार जो उनके आश्रित थे केवल एक ही बात का क़यास लगाने में व्यस्त रहते थे—वह यह कि मौजूदा समय में कौन बाबूजी के मुँह लगी थी, किससे नम्रता से व्यवहार करना होगा और किससे शोख़ी की जा सकती थी।

श्रीमती जी पति से विरक्त होकर अपने आप में सीमित हो गयीं। वे अपने को एक शिक्षित महिला के रूप में देखती थीं, अख़बार और रिसाले बड़े चाव से पढ़तीं और गाँधी जी के स्वतन्त्रता-आन्दोलन की पूरी खोज-ख़बर रखती थीं। बापू की

आवाज़ पर उन्होंने भी अपने विदेशी वस्त्र आग के सुपुर्द कर दिये थे और अब केवल खादी ही पहनती थीं। एक तरह से ये सादे वस्त्र उनके वैवाहिक जीवन के नैराश्य का आईना भी लगने लगे थे। फिर भी ज्येष्ठ पुत्र, जो अब स्वयं वकालत शुरू करने वाला था, उसके विवाह में उन्होंने अपना दायित्व पूरी गरिमा और बड़प्पन से निभाया। बहू भी सुशील मिली थी। सास-ससुर के आपसी सम्बन्धों की अनदेखी कर वह दोनों की सेवा में कोई कोर-कसर बाक़ी नहीं रखती थी। अतः गृहस्थी प्रेम-भाव से चलती थी और बाधा रहित थी। कनिष्ठ पुत्र के कारण अवश्य तनाव रहता था। पढ़ाई में उसकी रुचि न थी, परिश्रम से कोसों दूर भागता था, अपनी असफलता का दोष सौतेली माँ के भेदभाव पूर्ण व्यवहार पर मढ़ता था। बाबू शिवनारायन असलियत भाँप चुके थे। उन्होंने चटपट उसका विवाह करवाया और ज़मींदारी की देख-रेख के लिए गाँव में स्थापित कर दिया। पत्नी की इच्छानुसार तीसरे पुत्र को उच्च शिक्षा प्राप्ति के लिए लखनऊ भेज दिया और पुत्री को उसके ननिहाल अलीगढ़। लड़का सरकारी नौकरी पा गया। शिवनारायन ने तुरन्त उसकी शादी कर दी और नये दम्पति को लखनऊ में स्थापित करके एक और दायित्व से छुट्टी पा ली।

परन्तु एक दायित्व अभी तक पूरा न हो सका था, अर्थात पुत्री कुँवारी थी। उसकी शिक्षा के अनुसार उपयुक्त वर नहीं मिल पा रहा था। शिवनारायन को पचास वर्ष की आयु तक यह कार्य हर हालत में सम्पन्न करना था क्योंकि वही गृहस्थ जीवन की उनकी स्वयं-निर्धारित सीमा थी। अतः शिवनारायन इस काम के पीछे हाथ धो कर पड़ गये। कभी बरेली, कभी लखनऊ, कभी कानपुर, जहाँ भी बिरादरी के समृद्ध परिवारों का सुनते तुरन्त वहाँ के लिए निकल पड़ते। छह महीने की भाग-दौड़ के पश्चात् इलाहाबाद में एक वर मिल ही गया। साहबज़ादे आई.सी.एस. बनने के लिए विलायत भेजे गये थे परन्तु पढ़ाई की जगह वे पीठ पर पिट्ठू बाँध कर यूरोप में सालों-साल घूमते रहे और अन्त में किसी दूर-दराज

के विश्वविद्यालय से गणित में एम.ए. की डिग्री लेकर घर लौट आये। उस युग में विलायत में पढ़ना ही बहुत बड़ी बात होती थी, सो एक कॉलिज में अध्यापक की नौकरी उन्हें आसानी से मिल गयी और विवाह के लिए रिश्ते भी ढेर सारे आने लगे। अन्त में बाज़ी शिवनारायन के ही हाथ लगी। लड़के वाले विवाह के लिए एक वर्ष का समय माँग रहे थे, परन्तु शिवनारायन ने दहेज की रक़म और बढ़ा दी और लेन-देन भी डट कर किया। विवाह की तिथि तीन माह की अवधि में तय हो गयी।

विवाह बड़ी शान-शौक़त से हुआ। ससुराल पक्ष पूर्ण रूप से सन्तुष्ट होकर वधू को विदा करा ले गया। इतने बड़े उत्सव का हिसाब-किताब निपटाने में तीन दिन और लग गये। चौथे दिन शिवनारायन घर के अन्दर पहुँचे और बरामदे में पड़े तख़्त पर जा बैठे। तीनों पुत्र पास आकर बैठे, बहुएँ घूँघट काढ़े दूर ही खड़ी रहीं। शिवनारायन ने सबसे छोटे पुत्र से कहा, "अपनी माँ को बुला लो।"

श्रीमती जी पास पड़ी चारपाई पर आ बैठीं। शिवनारायन ने अपनी योजना के अनुसार तुरन्त बातचीत शुरू कर दी। अपने पुत्रों को सम्बोधित करते हुए वे बोले, "तुम्हारी बहन की विदाई के बाद मुझे लग रहा है कि मुझसे जो भी अच्छे-से-अच्छा बन पड़ा, मैंने तुम लोगों के प्रति कर दिया। तुम सभी अपने पैरों पर खड़े हो, सब बहुएँ कुशल और सुशील हैं। बस एक बात का दुःख मुझे है—मैं तुम्हारी माँ को ख़ुश न रख सका, दोष मेरा था। बहरहाल काम पूरे हो चुके हैं और जीवन के इस चरण के समापन का समय आ गया है।"

सब लोग भवें सिकोड़कर उनकी ओर देखने लगे, किसी की समझ में नहीं आया कि उनका अभिप्राय क्या है। कनिष्ठ पुत्र औरों से अधिक हिम्मती था अतः उसी ने कहा, "बाबूजी, यह काहे का समापन का समय आ गया है? क्या कह रहे हैं आप?"

कुछ क्षण मौन रहने के पश्चात् शिवनारायन बोले, "मैं सब-कुछ तुम लोगों को सौंपने का इच्छुक हूँ।"

"हमारा तो सब है ही, आप सौंपने की क्या बात कर रहे हैं?" ज्येष्ठ पुत्र ने कहा।

"हाँ। है तो तुम्हीं लोगों का। परन्तु अब यह घर-सम्पत्ति, ज़मीन-जायदाद, घोड़ा-गाड़ी, यह कुछ भी मेरा न रहेगा।" शिवनारायन ने गम्भीरता से कहा।

"बाबूजी हम समझे नहीं! यह आप क्या कह रहे हैं?" छोटे पुत्र ने विस्मय से पूछा।

"मैं यह कह रहा हूँ कि कुछ दिनों में मेरी सारी सम्पत्ति तुम लोगों के नाम हो जायेगी। मेरे नाम पर कुछ नहीं रहेगा। एक बात और। वैसे मेरी जायदाद का बँटवारा तुम तीन के बीच होना था, परन्तु तुम्हारी माँ का दायित्व मुझे निभाना है। अतः बँटवारे का चौथा हिस्सा तुम्हारी माँ का होगा।"

पत्नी, पुत्र और पुत्र-वधू, सब स्तब्ध थे कि अचानक इस भरे-पूरे घर में विभाजन और हिस्सों का विषय कैसे उत्पन्न हो गया। अन्त में बड़ी बहू ने अपना घूँघट और नीचे की ओर घसीटा और मुड़कर खड़ी होकर धीरे से खाँसा। अर्थात् वह कुछ कहना चाहती थी। शिवनारायन ने उसकी ओर मुड़कर कहा, "हाँ, बहू, बोलो...।"

"बाबूजी, इस सबकी क्या आवश्यकता है? यहाँ किसी को कुछ नहीं चाहिए।" छोटी बहू भी बोल पड़ी, "आपके राज में सब सुख हम लोगों को मिल रहे हैं। हमारा कल्याण आपके संरक्षण में ही है। हमें अलग न कीजिए।"

बाबूजी कुछ दुःखद मुस्कराहट से बोले, "बहू, मैं तुम लोगों को अलग नहीं कर रहा। मैं अपने को मुक्त कर रहा हूँ।"

कोई कुछ न बोला। कुछ क्षणों के बाद उन्होंने कहा, "हाँ। बात तुम्हारी माँ की हो रही थी। मुझे इनसे पूछना है कि यह किस बेटे के साथ रहना पसन्द करेंगी। उसी लड़के को मैं दो हिस्से दूँगा, एक उसके लिए एक इनके लिए।"

श्रीमती जी ने इस प्रश्न का कोई उत्तर नहीं दिया, अगर देतीं तो औपचारिक न होता। अन्त में शिवनारायन ने स्वयं फ़ैसला कर लिया कि उनका हिस्सा छोटे पुत्र के खाते में जायेगा। आख़िर वह उनकी कोख से जन्मा था और अन्त में उसी के साथ रहना उनके लिए स्वाभाविक भी होगा।

अब बड़े पुत्र ने पूछा, "यह सब करने के बाद आप स्वयं क्या करेंगे?"

शिवनारायन गम्भीरता से बोले, "तुम लोग समझ गये होगे कि मेरे लिए यह गृहस्थ जीवन का अन्त है। मुझे मोह, माया से छुटकारा लेना है।"

शिवनारायन सदा से अपनी मर्ज़ी के मालिक रहे थे। परिवार के लोग जानते थे कि उनके मुख से केवल निर्णय ही निकलते थे, परामर्श या बहस के शब्द कभी नहीं। उनका निर्णय हो चुका था, बदलाव की सम्भावना नहीं थी। वे घोषणा करके वहाँ से चल दिये, बाक़ी सब लोग ख़ामोशी से इस परिस्थिति का आकलन करते रहे।

दस-पन्द्रह दिनों में जायदाद के बँटवारे के काग़ज़ात की रजिस्ट्री हो गयी। किसी पुत्र ने न काग़ज़ात देखे, न बँटवारे की बारीक़ियाँ जानने की कोशिश की। जब काग़ज़ात की प्रतिलिपियाँ उनको सौंपी गयीं तो दोनों छोटे भाइयों ने उन्हें बड़े भाई के हवाले कर दिया, यह कहकर कि वे जो ठीक समझें, करें। बड़े भाई भाव-विभोर होकर रोने लगे, माताजी होंठ भींचे, आँखें नीचे किये बरामदे के तख़्त पर ख़ामोश बैठी रहीं। घर के बाहर शिवनारायन मुक़दमों की फ़ेहरिस्त देख रहे थे। मुंशी जी हर मुवक्किल की फ़ाइल अलग-अलग ठीक कर रहे थे। नये मुक़दमे लेना शिवनारायन बन्द कर चुके थे। नये वादकारी से माफ़ी माँग लेते और कहते जिस वकील को अच्छा समझो, उसके पास चले जाओ। स्वयं किसी वकील की सिफ़ारिश कभी न करते, यहाँ तक कि अपने बेटे तक की नहीं। लम्बित मुक़दमे उन्होंने अपने कनिष्ठ वकीलों को सौंप दिये और एकदम से अपने को हलका और स्वतन्त्र महसूस करने लगे।

अगले जीवन के लिए तैयारियाँ पूरी हो चली थीं। यहाँ तक कि गेरुआ कपड़े भी सिल, धुल, रंग होकर आ गये थे। रज़ाई का खोल और बिस्तर की चादर भी गेरुए हो चुके थे। जिस दिन वे पचास वर्ष के हुए, उन्होंने घर में कहला दिया कि शाम का भोजन घर के भीतर ही करेंगे। इस ख़बर से घर वालों ने एक-दूसरे की ओर अचम्भित होकर देखा, परन्तु ध्यान न दिया। उस समय में अधिकांश लोग अपनी जन्मतिथि से ही अनभिज्ञ होते थे, वर्षगाँठ आदि का महत्त्व तो बहुत दूर की बात थी। फिर भी क्योंकि वे अरसे बाद घर के भीतर भोजन करने वाले थे, सभी बहुओं ने एक-एक ख़ास व्यंजन उनके लिए बनाया। शिवनारायन ने बड़ी प्रसन्न मुद्रा में भोजन किया। वे बार-बार परिवार के सदस्यों को निहारते थे, बस चेहरे पर कभी-कभी वियोग के खेद की अभिव्यक्ति अवश्य लक्षित हो जाती थी। जाते समय अपनी टेंट से निकालकर सौ-सौ रुपये प्रत्येक बहू को दिये। इतना धन शायद आख़िरी बार उनके हाथों से जा रहा था।

दूसरे दिन प्रातः उठते ही पोशाकी नौकर को आवाज़ दी और नहाने के लिए पानी रखने का आदेश दिया। स्नान के बाद उन्होंने तत्परता से गेरुआ वस्त्र धारण किये, एक गेरुए गमछे में रामायण ग्रन्थ को बाँधा और कमरे के बाहर निकल पड़े। रज़ाई-गद्‌दा, दो चादर, दो गमछे, दो जोड़े कुर्ता-लुंगी पहले से बँधे रखे थे। इस बंडल को पोशाकी सिर पर रख उनके पीछे चल पड़ा। लगभग एक घण्टा चलने पर दोनों लोग सुनसान इलाक़े में बसे एक आश्रम पर जा पहुँचे। इस स्थान पर उनके दूर के रिश्ते के एक भाई रहते थे जो पहले ही सब कुछ त्याग चुके थे। वे इस समय यज्ञ-शाला में ध्यान में लीन थे। शिवनारायन इन स्वामी के कक्ष के ऊपर बने कमरे में जा पहुँचे। बाहर रखी झाड़ू से स्वयं सफ़ाई में जुट गये, पोशाकी को घुड़ककर बाहर कर ही चुके थे। एक तख़्त के ऊपर बिस्तर बिछाया, रामायण को खुली अलमारी में स्थापित किया।

तत्पश्चात् शिवनारायन ने पोशाकी से कहा, "जाओ पोशाकी, अब तुम वापस जाओ।"

"मैं कहाँ जाऊँ?," पोशाकी बोला, "सेवा-टहल के लिए मैं यहीं रहूँगा।"

"नहीं पोशाकी, अब सेवा-टहल की आवश्यकता नहीं। जाओ...कभी-कभी आकर मिल लिया करना।"

तीस साल पुराना नौकर पोशाकी समझ रहा था कि मालिक से साथ छूटने का समय आ पहुँचा था। इसीलिए तो मालिक ने उसके लिए एक कमरे का प्रबन्ध कर दिया था, जहाँ वह जाड़े के मौसम में गजक बना सके और गर्मियों में ज़ीरा-पानी तैयार करके जीविका चला सके।

"पोशाकी, तुझे देने को मेरे पास कुछ नहीं है...अब मैं ख़ाली हाथ...तू भी ख़ाली हाथ। हाँ, घर लौट कर मेरे सारे वस्त्र तुम ले लेना। उस कमरे का सारा सामान तुम लेते जाना।"

पोशाकी कुछ देर हाथ बाँधे, सर झुकाये खड़ा रहा। फिर आँखें पोंछता हुआ ज़ीने से उतरकर चला गया।

उधर परिवार के सदस्यों को जब बाबूजी के ग़ायब होने की सूचना मिली तो उनको ढूँढ़ने के लिए योजना बनने लगी। इतने में पोशाकी लौट आया और सबको सुबह के क्रियाकलापों से अवगत कराने लगा। तुरन्त तीनों पुत्र मोटरगाड़ी में बैठकर आश्रम पहुँचे और बाबूजी को वापिस ले चलने के लिए मनाने लगे। यह सब एक औपचारिकता ही थी क्योंकि सब जानते थे कि बाबूजी के क़दम लौटते नहीं थे। अब इस नयी परिस्थिति में सबको अपना-अपना स्थान स्वयं तलाशना था।

* * * * *

शिवनारायन ने अपने को आश्रम की दिनचर्या में ढालना शुरू किया। प्रातः जंगल में शौच आदि के पश्चात् कमरे और छत की सफ़ाई-धुलाई, कुएँ से जल खींच कर स्नान, फिर रामायण का अध्ययन। स्वामी जी के शिष्य जो भोजन बनाते थे, उसी में से उनको भी मिल जाता था। सारा दिन अन्य ग्रन्थों का अध्ययन, स्वामी जी से वार्तालाप और अधिकांश समय पेड़ के नीचे बैठ कर

आत्म-मन्थन में व्यतीत होता था। सायंकाल शौच आदि के बाद सादा भोजन, उसके बाद लालटेन की रौशनी में पढ़ना-लिखना, फिर रात्रि विश्राम, दो माह इसी प्रकार से बीते। अपने पिछले जीवन के ऐशोआराम, नौकरों की सेवा-टहल, स्वादिष्ट व्यंजन, युवा नारियों के आलिंगन अक्सर उनके स्मृति पटल पर आते रहे, परन्तु उन दैहिक विलासों में लौटने की इच्छा उनके मन में न हुई।

एक दिन यकायक उनको एक मुक़दमे के कुछ ख़ास पहलुओं का ध्यान आया। यदि उनके कनिष्ठ वकील ने उन मुद्दों को नज़रअन्दाज़ कर दिया तो मुवक्किल की बड़ी हानि हो सकती थी। अतः वे तुरन्त गेरुआ कपड़ों में, पैर में किरमिच का कत्थई जूता पहने, कचहरी की ओर चल दिये। काम समाप्त करके घूमते-घुमाते शहर के बीच होते हुए आश्रम वापस आ पहुँचे। तुरन्त कोठी पर सूचना पहुँच गयी कि किस तरह वे एक भिखारी साधु की भाँति पैदल चले जा रहे थे। सलाह-मशविरे के बाद फ़ैसला हुआ कि रोज़ सुबह ड्राइवर मोटरगाड़ी लेकर आश्रम पर जायेगा; बाबूजी को कहीं जाना हुआ तो कार से जायेंगे, नहीं तो ड्राइवर वापस आ जायेगा।

दूसरे दिन सुबह वर्षों पुराना ड्राइवर अहमदजान मोटर लेकर आश्रम पहुँचा। गाड़ी गेट पर खड़ी की और हॉर्न बजाया। शिवनारायन अपनी कार का हॉर्न पहचान गये, सोचा कि लड़के-बच्चे उनका हाल लेने आये होंगे। फिर भी वे कमरे में बैठे रहे, बिना किसी उत्सुकता के, जिसको मिलना होगा स्वयं आयेगा। उधर अहमदजान बाबूजी की खोज-ख़बर लेने के लिए बेताब हो रहा था। अतः झटपट सीढ़ी चढ़कर ऊपर आया। कमरे के दरवाज़े पर खड़ा होकर बाबूजी को फ़र्शी सलाम किया और सामने हाथ बाँधे आदेश के लिए ख़ामोश खड़ा रहा।

कुछ देर के पश्चात् बाबूजी बोले, “अहमदजान, कैसे आये?”

“हुज़ूर की ख़िदमत के लिए...,” अदब और तहज़ीब में माहिर अहमदजान ने जवाब दिया।

"मगर, इतने दिनों बाद, आज ही क्यूँ?"

"सुना था कि हुज़ूर किसी काम से कल पैदल ही कचहरी निकल गये थे...।"

"तो?"

"सोचा कि हुज़ूर को क्या मालूम कब ज़रूरत पड़ जाये। इसलिए यह गाड़ी रोज़ाना यहीं हाज़िर रहेगी...," अहमदजान ने कहा।

"अहमदजान, मेरे बेटों ने तुम्हें यहाँ भेजा है?"

"हुज़ूर...मैंने भी ज़िन्दगी-भर आपका नमक खाया है...।"

बाबूजी कुछ देर मौन बैठकर सोचते रहे...बच्चों की हमदर्दी और फ़िक्र, उनके आराम और सुविधा के लिए उनके प्रयास, नौकरों का समर्पण और सेवा भाव...यह कितनों को नसीब होते थे? कितने लोग ऐसी लगन और श्रद्धा के पात्र होते थे। फिर भी, यह उनका अतीत था, वर्तमान या भविष्य नहीं...।

कुछ देर सोचते रहे, फिर बोले, "चलो, अहमदजान, तुम्हारी गाड़ी देखी जाये...।"

नीचे जाते समय शिवनारायन को उस मोटरगाड़ी और अहमदजान से जुड़े अपने जीवन के अनेकानेक रोष दिलाने वाले, परन्तु एक तरह से हास्यास्पद प्रसंगों की याद आ गयी। जब कभी उन्हें किसी आवश्यक कार्य से अथवा अंग्रेज़ साहिबान से भेंट करने जाना होता था तो समय की पाबन्दी बहुत ज़रूरी होती थी। आदत के अनुसार वे सारे इन्तज़ाम समय से कर लेते थे। ऐसे ही मौक़े अहमदजान को भी रास आते थे जब बाबूजी को जल्दी हो और ज़्यादा विस्तार में जाने का समय न हो। अतः ठीक घण्टा-डेढ़ घण्टा पहले कार को स्टार्ट करके चेक करने के बहाने अहमदजान कोई-न-कोई समस्या खड़ी कर देता था। कभी क्लच की बदनीयती, कभी एक्सीलरेटर का बेक़ाबू हो जाना, और कभी कारबोरेटर की धींगा-मुश्ती। बहरहाल गाड़ी का कोई-न-कोई अंग अवश्य जवाब देने लगता था। गाड़ी स्टार्ट हो होकर बन्द हो जाती थी। परेशान हाल, पसीने से लथपथ

अहमदजान भागे हुए बाबूजी के सामने उपस्थित होते और कहते, "हुज़ूर...यह कमबख़्त कारबोरेटर...।"

अहमदजान को इससे अधिक कहने की आवश्यकता नहीं होती थी। इस आधुनिक सवारी के विषय में शिवनारायन सिफ़र थे। वे केवल दरवाज़ा और सीट ही पहचान पाते थे। मजबूरी में कहते, "दूसरा मिल जायेगा समय से?"

"हुज़ूर! मर्ज़ मैंने पहचान लिया है। बस अभी गया और इसकी पिन लेकर अभी आया। कुछ...?"

शिवनारायन चुपचाप कुछ रुपये अहमदजान को पकड़ा देते। अहमदजान नया पुर्ज़ा दिखाने के लिए लाता, मगर हाथ की सफ़ाई से पुराने पुर्ज़े पर ही गाड़ी ठीक हो जाती और बाबूजी समय से पहुँच जाते। सारी बात आयी-गयी हो जाती। परन्तु एक दिन बाबूजी ने पूछ ही लिया—"अहमदजान, यह पिन कैसे बार-बार ख़राब हो जाती है?"

"क्या बताऊँ हुज़ूर," अहमदजान बोला, "मैंने इतनी गाड़ियाँ चलाई हैं मगर यह अमरीका वाले सही तरह से पिन बना ही नहीं पाते। पता नहीं क्या करते हैं? सोचता हूँ कि अगर नमूना दे दूँ तो इससे अच्छी पिन तो जग्गू लोहार ही बना देगा...।"

शिवनारायन चुप हो गये। वे किसी से राय भी नहीं ले सकते थे क्योंकि दूर-दराज तक और कोई मोटरगाड़ी वाला था नहीं और मिस्त्री-ड्राइवर एक-दूसरे की पोल कभी खोलते नहीं थे। यदि किसी समकक्ष से पूछते तो वह सारी दुनिया में बक देता कि हज़ारों की गाड़ी तो रख ली है मगर सौ-पचास का ख़र्चा नहीं पचता...। बहरहाल अहमदजान की चाँदी थी। जिस समय में उसकी तनख़्वाह तीस रुपये महीने होती थी, तो हफ़्ते-दस दिन में पाँच-दस रुपये जेब में आना बुरा सौदा नहीं था।

परन्तु अब नीचे पहुँचकर बाबूजी ने मोटर को देखा, फिर अहमदजान को। धीरे-धीरे दोनों की एक परिक्रमा भी कर ली। फिर अचानक उस चमचमाती गाड़ी पर ज़ोर से एक लात मारी

और बोले, “मैंने दुनिया छोड़ दी...तू मुझे मोटरगाड़ी दिखाता है...जा भाग...अब कभी इसे यहाँ न लाना.... ।”

बाबूजी आश्रम में लौट गये। अहमदजान कुछ देर खड़ा सोचता रहा, फिर गाड़ी वापस ले गया। आश्रम में एक साल व्यतीत हो चुका था। शिवनारायन को लगा कि वे स्वामी जी के आश्रित हैं, उन्हीं के स्थान पर विराजमान, उन्हीं के अन्न पर जीवित। अब वे इस पराश्रितता से मुक्त होने के लिए आतुर हो रहे थे। वर्षों पहले उन्होंने एक ज़मींदार का मुक़दमा लिया था जिसमें जीतने की स्थिति में उनको शहर से लगभग दो मील की दूरी पर एक छोटा बाग़ मेहनताने स्वरूप मिलना था। संयोगवश मुक़दमे का फ़ैसला हो गया और मुवक्किल ने वह बाग़ ख़ुशी से उन्हें भेंट कर दिया। इस बाग़ के कोने में एक छोटा शिव-मन्दिर था, साथ में एक बरामदा और बरामदे के ऊपर एक कमरा बना हुआ था। शिवनारायन उसे देखते ही मुग्ध हो गये और तुरन्त स्वामी जी से प्रस्थान करने की आज्ञा माँग बैठे। स्वामी जी के लिए उनका रहना अथवा जाना एक समान था, फिर भी उन्होंने कुछ दिन के लिए भोजन-सामग्री उनके साथ भेज दी। एक तवा, एक बटुई, एक थाली, लोटा-बाल्टी के साथ एक शिष्य को उनकी सेवा के लिए साथ कर दिया। एक सप्ताह में शिष्य की मदद से आश्रम और बाग़ की सफ़ाई हो गयी और फिर शिवनारायन ने उस बालक को आशीर्वाद देकर वापस भेज दिया। अब वे अकेले थे, एकान्त में थे, और अपनी निर्धारित राह पर चलने के लिए सारी व्यवस्था कर चुके थे। जिस प्रकार अभी तक जीवन-मार्ग के रोड़े हटाते हुए वे आगे बढ़ते चले आये थे उसी प्रकार इस अवस्था में विरक्ति, अध्यात्म और अन्त में ब्रह्मलीनता तक पहुँचने में उन्हें किन्हीं विशेष बाधाओं, अवरोधों की चिन्ता नहीं थी। वे दृढ़-निश्चयी थे और आत्मबल के सहारे मंज़िल तक पहुँचने की सामर्थ्य से अपने को भरपूर समझते थे। परन्तु देह भोग-विलास माँगती है, बुद्धि विरक्ति। मोह-माया कब, किस वेश में प्रकट हो जाये और मनुष्य

को कहाँ घसीट ले जाये, कौन जानता है? आख़िर प्रकृति भी तो उन्हीं का रूप है।

नये स्थान पर आकर शिवनारायन की दिनचर्या लगभग वैसी ही थी जैसी स्वामी जी के आश्रम पर। भोजन अवश्य स्वयं ही पकाना होता था। कुछ दिनों तक जोश में सब कुछ होता रहा परन्तु जो हाथ और देह इस प्रकार के कार्यों के अभ्यस्त हो चुके थे उन्हें अब यही रोज़मर्रा के काम बोझ लगने लगे। धूल-मिट्टी अधिक एकत्रित हो जाये तो बुहारना तो पड़ता ही था। परन्तु तीन समय का भोजन आवश्यक नहीं था। अतः धीरे-धीरे दिन में एक बार ही चूल्हा जलने लगा। कुछ और दिन बीते तो शिवनारायन आश्रम में ठहरने वाले पथिकों की राह अक्सर देखने लगे। शहर में अपने कार्यवश आने वाले लोग अक्सर किसी मन्दिर या बाग़ को तलाश लेते थे जहाँ रुककर वे नहाते-धोते और सूखी लकड़ी बीनकर चूल्हा जलाते और अपनी टोली के लिए भोजन पकाते। शिवनारायन ऐसे राहगीरों की प्रतीक्षा में रहते। गेरुआ वस्त्रों में उनको भोजन की भेंट होनी ही थी। उनका स्वाभिमान उनको स्वयं भिक्षा माँगने से अभी रोकता था।

परन्तु ऐसे भी दिन आते थे जब कोई पथिक उधर से गुज़रता नहीं था। अक्सर शिवनारायन भूखे रह जाते थे। राहगीरों के न आने से उनको एकान्त भी सताने लगता था, न कोई पास बैठने वाला, न दो शब्द बोलने वाला। आख़िर चिन्तन-मनन, ध्यान से कुछ देर का अवकाश अनिवार्य होता है। इसी कारण जब उनका मन एकान्त से ऊब जाता तो वे मन्दिर के बाहर निकल पड़ते थे। उनके पाँव ख़ुद-ब-ख़ुद उनको कचहरी की ओर ले जाते थे। इस चिर-परिचित वातावरण में वे अपनापन महसूस करते थे। वकील और मुंशी लोग उन्हें पहचान लेते और कुछ देर बैठने का आग्रह करते। वे उन्हें जलपान भी कराते जो शिवनारायन बड़े चाव से और भरपेट करते। इससे दिन भर के लिए उनकी भोजन की समस्या का भी समाधान हो जाया करता था।

समय से पर्याप्त भोजन न मिल पाने से शिवनारायन क्षीण हो चले थे। वकालतख़ाने में अपने पुराने स्थान पर वे अक्सर एक कुर्सी पर ऊँघते हुए दिखाई देते थे। जब कई दिन लगातार वे इस अवस्था में दिखे तो ज़िक्र जज साहब के चेम्बर तक पहुँचा। जज इन्द्र बहादुर सिंह अपने पिछले कार्यकाल में इसी जनपद में मुंसिफ़ के पद पर रह चुके थे। उस समय शिवनारायन उठते हुए वकील थे और प्रत्येक कोर्ट में उनकी धाक थी। मुंसिफ़ इन्द्र बहादुर सिंह उनकी कानूनी क्षमता से प्रभावित थे और प्रोन्नति पर आने के बाद उन्होंने शिवनारायन वकील की कुशलक्षेम भी दरियाफ़्त की, और बड़े विस्मित होकर उनकी वर्तमान स्थिति का विवरण सुना। एक क्षीण-हीन साधु के वेश में बाबू शिवनारायन का रोज़ आकर अपनी पुरानी जगह पर बैठा रहना, किसी से कुछ न कहना, कुछ न माँगना, परन्तु अर्पित किया गया खाद्य पदार्थ तुरन्त स्वीकार कर लेना—यह सब जज साहब को कुछ अटपटा-सा लगा और वे वकील साहब से भेंट करने की इच्छा व्यक्त कर बैठे।

इजलास उठते ही एक-दो पुराने वकील शिवनारायन को आग्रह करके जज साहब के चेम्बर में ले आये। अन्दर घुसते ही शिवनारायन ने जज साहब को पहचान लिया, पुरानी यादें ताज़ा हुईं—उनके इजलास की जीतें, कुछ हारें, जज साहब की सूक्ष्म बुद्धि, उनकी व्यंग्य से भरी टिप्पणियाँ, और सदैव वकीलों के प्रति आदर-भाव। तुरन्त शिवनारायन ने पिछले दिनों की भाँति झुककर सलाम किया और सामने हाथ बाँधे खड़े रहे। जज साहब अपनी मेज़ के सामने की ओर आये और उनके हाथ अपने हाथों में लेकर कुछ देर खड़े रहे, फिर आदर से कुर्सी पर बैठाया।

जज साहब शिवनारायन के विषय में काफ़ी कुछ सुन चुके थे। अपने मन में उन्होंने उनके बारे में एक अनुमान भी लगा लिया था। अब सामने बैठी इस क्षीण काया को देखकर उनका अनुमान दृढ़ हो गया। एक क़ाबिल, सफल वकील अपने पूरे होशो-हवास

में जीवन प्रवाह से अलग होकर विरक्ति के रास्ते चल पड़ा था। उसने स्वेच्छा से सब कुछ जो भौतिक था, त्याग दिया था। परन्तु स्वाभिमान, जो उसके व्यक्तित्व में भरा था, वह त्यागते न बन रहा था। अहं न उसे कुछ लेने देता था, न कुछ माँगने देता था। यही कारण था उन फटे-पुराने वस्त्रों में भूख से जर्जर उस काया का उनके सामने प्रकट होने का।

कुशलक्षेम की औपचारिक बातें हुईं। शिवनारायन ने जज साहब के परिवार की कुशलता पूछी, उनके पिछले कार्यकाल के एक-दो रोमांचक संस्मरण सुनाये। इधर-उधर की बातों के बीच जज साहब सूक्ष्मता से विचार करने लगे कि किस प्रकार इस पुराने वकील, परन्तु नये प्रकार के साधु की मदद की जाये जिससे उसको दो जून की रोटी मयस्सर होती रहे और उसका आत्म-सम्मान भी बरकरार रहे। निष्कर्ष पर पहुँचकर उन्होंने बात शुरू की।

जज साहब–“आप अच्छा करते हैं जो रोज़ टहलते हुए इधर आ जाते हैं। पूजा-पाठ चौबीस घंटे तो चलता न होगा।”

शिवनारायन–“जी हाँ, थोड़ा व्यायाम भी हो जाता है और पुराने लोगों से भेंट भी। स्मृतियों की स्लेट एकदम से साफ़ भी नहीं की जा सकती।”

जज साहब–“हम लोग आपको हर रोज़ यहाँ देखना चाहते हैं। इसलिए आपको एक छोटे से बन्धन में बाँधना चाहते हैं। अधिक कुछ नहीं, केवल एक-आध घंटे का समय दे दिया कीजिए। आपकी उपस्थिति से हर्ष भी होगा और लाभ भी। क़ानून के विषय में आज भी आप हम लोगों को राह दिखा सकते हैं।”

शिवनारायन–“हुज़ूर का आदेश सिर-आँखों पर। फिर भी किसी बन्धन में न डालिएगा।”

जज साहब–“नहीं, कोई ख़ास बन्धन नहीं होगा। बस घंटे, आध-घंटे के लिए आ जाया करें। समय की भी पाबन्दी नहीं है। आप जानते हैं कि नोटरी वाले वर्मा जी वृद्ध हो चले हैं, काम पूरा सँभाल नहीं पाते। आप थोड़ा-सा हाथ बँटायें तो...।”

शिवनारायन ने असमंजस से कहा, "हुज़ूर, मगर फिर वापस...।"

जज साहब ने बीच में रोकते हुए कहा, "नहीं यह तो सिर्फ़ एक बहाना है। आपको नोटरी नियुक्त करके हम लोग अपने बीच आपकी उपस्थिति सुनिश्चित कर रहे हैं। अब 'न' मत कहियेगा।"

पुरानी मानसिकता अभी भी प्रबल थी। वे जज साहब का आदेश टाल न पाये। दूसरे दिन से वे दोपहर को आकर वर्मा जी के तख़्ते पर पहुँच जाते और एक-दो घंटे बैठते। चलते समय वर्मा जी उनकी जेब में कुछ रुपये डाल देते और आदर से विदा करते। जज साहब और वर्मा जी में पहले ही परामर्श हो चुका था। शिवनारायन के आत्म-सम्मान के लिए आवश्यक था कि उनके भोजन के लिए पाँच-सात रुपये रोज़ाना उन्हें अवश्य मिलते रहें। वर्मा जी उनसे दो-चार शपथ-पत्र पर हस्ताक्षर करवा लेते और रुपये उनको सौंप देते। पहले दिन रुपये हाथ में आये तो वे विचार करने लगे कि इनका क्या उपयोग किया जाय। भोजन की सामग्री लें या फटा जूता टँकवायें? चलते-चलते एक दुकान पर बताशे दिखे तो एक पाव ले लिए। एक बताशा मुँह में रखा ही था कि कुछ बच्चे उन्हें घेरकर खड़े हो गये। बच्चों के प्रसन्न हाथों में खाने की कोई वस्तु रखकर उनके चेहरों की चमक देखे भी उनको कई वर्ष हो चुके थे। अब उन्होंने बताशे बाँटना शुरू किया। और भी छोटे-छोटे बच्चे उनकी ओर हाथ फैलाये दौड़े। उन्होंने किसी को निराश नहीं किया और स्वयं एक अद्‌भुत आनन्द का स्वाद लेते आगे बढ़ गये।

उनके आश्रम पर आने वाले ग्रामीण पथिक प्रायः ग़रीब ही होते थे। अधिकांश सत्तू से पेट भर लेते थे। कोई-कोई आटे की भौरी और आलू की व्यवस्था भी रखते थे। शिवनारायन सबसे निर्बल, दीन-हीन दिखने वाले एक-दो व्यक्तियों को बुलाते और कुछ पैसे देकर आटा, दाल, नोन, तेल लाने भेज देते। वे सहर्ष खाना पकाते, स्वयं खाते और शिवनारायन बाबा को खिलाते, आश्रम की झाड़ू-बुहार भी करते। बाबा का यश फैलता गया,

उनके आश्रम में सदा कोई न कोई मौजूद रहता और बाबा की सेवा करता। इसी क्रम में एक अधेड़ उम्र का ब्राह्मण आश्रम आ पहुँचा। अपनी सेवा और वाक्-चातुर्य से वह बाबा के नज़दीक हो गया। दीनता का स्वाँग रचना तो उसकी फ़ितरत में था। रोज़ बाबा से पैसे लेकर बाज़ार जाता और सौदा लाता। अन्य यात्रियों से भी उनका बचा-खुचा अनाज ले लेता। जहाँ भी दो अथवा उससे अधिक मनुष्य हों तो सामाजिक क्रम और श्रेणी स्वयं ही स्थापित हो जाती है; जैसे डाकुओं के गिरोह में सरदार और अनुगामी, जैसे साधु और चेले, और चेलों में भी क़रीबी और सामान्य। मतलब यह कि पण्डित अब बाबा का विशिष्ट अनुयायी बन बैठा था। भोजन व्यवस्था उसके हाथ में थी, अपना बीड़ी-चिलम का ख़र्च भी मज़े से निकाल लेता था।

एक दिन पण्डित ने कहा, "बाबा, बाग़ की देख-रेख ठीक से नहीं हो पाती है। सारा समय आश्रम की साफ़-सफ़ाई और भोजन-व्यवस्था में निकल जाता है। फिर इतने यात्रियों को भी देखना पड़ता है। बाग़ की निराई-गोड़ाई तो दूर पौधों को पर्याप्त पानी भी नहीं मिल पाता है।"

बाबा बोले, "इतने लोग तो यहाँ ठहरते हैं। क्या दो-चार बाल्टी पानी भी कुएँ से नहीं खींच सकते?"

पण्डित—"बाबा आप स्वयं देखते हैं कि यहाँ अधिकतर वृद्ध, निर्बल लोग ही दिखते हैं। इनके बस की बात नहीं।"

बाबा शान्त बैठकर विचार करने लगे। सोचा कि स्वयं पण्डित का हाथ बँटाया जाय। कुछ देर पश्चात् पण्डित ने कहा, "बाबा, सोचता हूँ कि मेरी तरह का एक और प्राणी यहाँ पड़ा रहे तो सारा काम चल जायेगा।"

बाबा अपने ऊपर किसी प्रकार का दायित्व नहीं लेना चाहते थे। इस समय वे स्वतन्त्र थे, चाहे कोई आश्रम में रहे या न रहे, खाने के लिए है तो खाये, नहीं है तो अपनी व्यवस्था स्वयं करे। परन्तु किसी को बुलाकर रखने का अर्थ और ही था। उस दशा

में उनको उसकी देख-रेख की ज़िम्मेदारी लेनी पड़ेगी, एक प्रकार से स्वयं को बन्धन में डालना होगा। इसलिए बाबा चुप बैठे रहे।

पण्डित ने सोचा कि बाबा अधिक ख़र्च करने से घबरा रहे हैं। तत्परता से बोला, "बाबा, हमें करना क्या है? दो जून की रोटी ही तो चाहिए। वैसे भी बेचारी दो हड्डी की जान है, क्या खा लेगी? इतना तो मुसाफ़िर ही फेंक देते हैं। ब्राह्मणी है, सेवा करेगी तो स्वयं कपड़ा-लत्ता भी पा लेगी।"

शिवनारायन ने सुना तो अवश्य कि बात एक स्त्री को लाने की हो रही थी, परन्तु उनकी चुप्पी और शान्त मुद्रा से यह स्पष्ट न हो सका कि इसमें उनकी रज़ामन्दी थी या नहीं। कुछ दिनों बाद किसी आवश्यक कार्य के बहाने पण्डित एक दिन की छुट्टी लेकर गया। वापस आया तो बाबा के चरण-स्पर्श के लिए पहुँचा, उसके पीछे एक पतली-दुबली स्त्री लम्बा घूँघट काढ़े आगे आयी और बाबा के चरणों में नतमस्तक हुई। बाबा स्वाभाविक रूप से हाथ उठाकर आशीर्वाद दे बैठे। बड़ी असमंजस की स्थिति थी, वे किसी निर्णय पर नहीं पहुँच पा रहे थे, अतः उस स्त्री के आश्रम में रहने या न रहने के विषय में कुछ न बोले। पण्डित इशारे से उसे उठा ले गया। उस रात पण्डितानी ने भोजन पकाया और पण्डित थाली में रोटी, सब्ज़ी बाबा को खिलाने ले गया। आज का भोजन स्वादिष्ट अवश्य था।

पण्डित के निर्देशन में शीला देवी ने आश्रम के निचले भाग की व्यवस्था अपने हाथ ली। बरामदे के बाहर दीवार के सहारे एक नया चूल्हा लीप-पोत कर तैयार किया। बाबा और पण्डित के लिए भोजन वही बनाती थी। यदि किसी आगन्तुक ने सीधा सौंप कर भोजन बनाने का आग्रह किया तो उसके लिए भी एक खुराक खाना बना देती थी। पण्डित आपत्ति नहीं करते थे क्योंकि इस व्यवस्था में लाभ की गुंजाइश अधिक होती थी। अभी तक बाबा के कमरे और छत की सफ़ाई पण्डित स्वयं करता था। मगर कुछ दिन बीतने पर जब बाबा नीचे बाग़ में होते तो वह ऊँची

आवाज़ में शीला को पुकार कर बाबा का कक्ष साफ़ करने भेज देता था। थोड़े ही समय में उसने छत की सफ़ाई भी पूर्ण रूप से शीला के हाथ सौंप दी। अब चाहे बाबा कक्ष में हों या न हों, शीला बेधड़क वहाँ जाकर झाड़-पोंछ कर आती, बाबा का बिस्तर ठीक करती, उनकी सुराही में पानी रखती, यहाँ तक कि उनके वस्त्र भी धो देती।

इस स्त्री के आश्रम आने पर बाबा की मौन स्वीकृति का कारण सम्भवतः यह था कि वे एक दम्पति को बेवजह अलग नहीं करना चाहते थे। इसीलिए वह शीला की ओर झाँकते तक नहीं थे, न उससे कोई बात करते थे। परन्तु जब से वह उनके कक्ष में आने लगी वे उसको देखने और उसके विषय में सोचने को मजबूर होने लगे। पण्डित और इस महिला की उम्र में कुछ अधिक ही अन्तर दिखता था। वह सिन्दूर तो लगाती थी, हाथ में चूड़ी भी पहनती, परन्तु उसमें एक पत्नी जैसा आत्म-समर्पण न था। एक सूक्ष्म अधीनस्थता तो अवश्य थी परन्तु चेहरे पर एक विवाहिता के मृदुल आत्मविश्वास की आभा न थी। पण्डित-पण्डितानी की आपसी तक़रार बाबा के कानों में अक्सर पड़ जाती थी। उसके तानों एवं व्यंग्यात्मक कटाक्षों से बाबा को लगने लगा था कि सम्भवतः शीला पण्डित की विवाहिता न थी। उसमें दाम्पत्य का संकुचित, लज्जाशील गर्व न था, बल्कि कुछ अल्हड़पन की शोख़ी थी। वैसे भी वह गौर वर्ण, लम्बी-छरहरी काया की धनी थी, विकसित वक्ष-स्थल और नितम्ब उसके नारीत्व को और भी उजागर करते थे। न चाह कर भी बाबा की दृष्टि उस पर केन्द्रित हो ही जाती थी।

शीला ने भी बाबा के विषय में काफ़ी कुछ सुन रखा था—एक धनी व्यक्ति, आला वकील, नवाबों की संगत करने वाला और उन्हीं की तरह जीवन का रस भोगने वाला अब सब कुछ छोड़-छाड़ कर इस रूप में एक जर्जर आश्रम में दिन काट रहा था। शीला के लिए बाबा एक कौतूहल का विषय बन गये थे। वह आश्रम में

आने वालों के साथ बाबा का वार्तालाप भी ध्यान से सुनती थी। बाबा की गूँजती आवाज़, उनके नपे-तुले शब्दों की मिठास, कभी व्यंग्य से भरी बातें, कभी पारलौकिक विषयों पर छोटा-सा व्याख्यान, यह सब उसे बाबा की ओर आकर्षित करता था और उसका मन होता था कि वह निरन्तर उनके इर्द-गिर्द बनी रहे। वह पढ़ी-लिखी तो अधिक न थी परन्तु उसके संस्कार, उसकी वर्तमान अवस्था और श्रेणी से ऊपर प्रतीत होते थे। लगता था कि पण्डित उसकी विवशता है, वाणी सौजन्य, संवेदनशीलता में उसके समतुल्य नहीं। शीला का अपनी स्थिति से ऊपर उठने का प्रयत्न स्वाभाविक था। वह स्वयं बाबा का भोजन परोस कर लाती और उनके समक्ष खड़ी होकर दो-चार बातें भी कर लेती। सौन्दर्य और लावण्य से कोई अछूता नहीं रह पाता है। और यदि कोई युवा स्त्री इन गुणों से सुशोभित हो तो उससे मुँह मोड़ना किसी के बस में नहीं। बाबा भी उसकी सेवा, उसकी वाणी, उसके कौतूहल और जिज्ञासा भरे नेत्र, उसके चेहरे की आभा इन सबसे प्रभावित होने से बच न सके। वे उसकी ओर खिंचते चले गये, दिन-ब-दिन उनकी आँखें उसको तलाशने लगीं। एक दिन भोजन के उपरान्त बाबा ने पूछा, "कितने दिन हो गये पण्डित के साथ तुम्हारे विवाह को?"

शीला मुँह नीचे किये खड़ी रही, कोई उत्तर न दिया। बाबा ने कुछ समय सोचने के पश्चात् कहा, "अच्छा। कोई बात नहीं। अपने पति के साथ कितने दिनों रहीं?"

शीला का चेहरा लाल हो चला था। बाबा के सवाल अप्रत्याशित थे, वह लज्जा और संकोच से दबी जा रही थी। परन्तु उत्तर तो देना ही था। बोली—"डेढ़-दो साल।"

बाबा—"वहाँ से क्यों चली आयीं?"

इतने में पण्डित के आने की आहट सुनी तो वह तुरन्त भोजन की थाली उठाकर वहाँ से चल दी। दो-चार दिन बाद एकान्त में बाबा ने फिर वही प्रश्न दोहराया। थोड़ा हिचककर वह बोली, "सन्देह और अविश्वास...।"

उसके स्पष्ट, संक्षिप्त उत्तर से बाबा और भी प्रभावित हुए, इन दो शब्दों के उत्तर ने उसकी विचारशीलता और निष्कर्ष पर पहुँचने की शक्ति को उजागर किया था जो बाबा के संज्ञान में एक प्रज्ञावान मस्तिष्क की देन थी। बाबा उत्सुकता से प्रश्न करते गये, शीला निस्संकोच परन्तु नपे-तुले शब्दों में उत्तर देती गयी।

एक चंचल, ऊर्जा से भरपूर, हँसती-हँसाती स्वतन्त्र पक्षी की तरह मायके में इधर से उधर फुदकती हुई यौवना जब गौने के बाद ससुराल पहुँची तो उसे लगा जैसे पर कतर कर चिड़िया को पिंजरे में बन्द कर दिया गया हो। कारण था कि वह अकेली नहीं रह सकती थी, उसको हर समय कोई न कोई हँसने-बोलने वाला चाहिए था। घर में एक सास, एक जेठानी, दोनों निहायत गम्भीर और काम के अलावा कोई बात न करने वाली। चूल्हा-चौका तो शीला मिनटों में निपटा लेती थी, उसके बाद उसकी समझ में नहीं आता था कि क्या करे। क़िस्से कहानियों के रिसालों से जेठानी चिढ़ती थीं। वे अनपढ़ थीं और सास को समझा देती थीं कि ऐसी पत्रिकाएँ अश्लीलता से भरी होती हैं। घर के नाऊ, कहार, धोबी आदि ही ऐसे होते थे जिनसे वह बतिया लेती थी। परन्तु जब वह युवा चमारिन पुसिया से हँस-हँस कर बातें करने लगी तो सास जी को अच्छा न लगा। बेचारी पुसिया पर बेवजह डाँट पड़ने लगी, अतः वह जल्दी से दालें, धान कूट पीस कर घर भागने में ही अपनी भलाई समझती थी।

ससुराल में मन लगाने के लिए शीला के पास एक ही उपाय बचा था। वह था अपने पति के साथ अधिक से अधिक समय बिताने का। मनोहर बाबू प्राइमरी स्कूल में मास्टर थे। अच्छे डील-डौल के सुन्दर जवान थे, परन्तु ज़रूरत से ज़्यादा शान्त और नीरस। जैसे ही साथ होते, शीला बातें करना शुरू कर देती। सास, ससुर, जेठानी, घर में काम करने वालों, सबके विषय में सारी दिनचर्या और छोटी से छोटी बात वह मनोहर को बखान करती और हँस-हँस कर सबकी नक़ल उतारती। शुरू में उनको यह बातें

बड़ी रुचिकर लगती थीं और वे मन्द मुस्कान के साथ शीला की वाणी और चंचल अदाओं का आनन्द लेते थे। स्वयं वे अल्पवादी थे, अपनी मास्टरी की दिनचर्या अथवा गाँव-देहात की बातें शीला के पूछने पर भी नहीं बताते थे। धीरे-धीरे मन बहलाने का यह स्रोत भी क्षीण होने लगा। शीला की चपल बातों का अभिनन्दन मनोहर अधिकतर जम्हाई से ही करने लगे थे। अपने विवाहित और आपसी आनन्द बनाये रखने के लिए शीला ने एक और रास्ता तलाश करना शुरू किया। मनोहर किसी भी युवा दम्पति की तरह अपनी पत्नी के प्रति शारीरिक जिज्ञासा से भरपूर थे और पत्नी के साथ एकान्त का समय अपनी इच्छाओं की तृप्ति में ही व्यतीत करना पसन्द करते थे। प्रारम्भिक लाज और संकोच घटने के साथ शीला भी इन क्रिया-कलापों का आनन्द लेने लगी थी। मनोहर की शारीरिक लिप्सा को प्रेम समझ कर वह और भी उदारता से आत्म-समर्पण करने लगी। घर और परिवार के वातावरण में जैसे-जैसे रूखापन बढ़ता गया, वैसे-वैसे स्त्री-पुरुष के शारीरिक सम्बन्ध उसकी दिनचर्या का एकमात्र रोचक पहलू बनते गये। यहाँ तक कि यदि कभी मनोहर थके-माँदे होते तो वह स्वयं पहल करती और उनको विश्राम न करने देती। पहले तो मनोहर उसकी पहल से प्रफुल्लित होकर आनन्दमय हो जाते थे, परन्तु कुछ समय बाद यही बात उनको अटपटी लगने लगी। उनके संज्ञान में स्त्री की ओर से ऐसी दिलचस्पी कुछ अस्वाभाविक-सी थी। पहल करना तो पुरुष का काम था, स्त्री का केवल समर्पण करना। हाँ थोड़ी बहुत गर्मजोशी स्वीकार्य थी, सुखद भी, परन्तु पुरुष-जैसी पहल तो सोचने के लिए मजबूर करने वाली थी। मनोहर बोलते कम थे, सोचते ज़्यादा। एक बार शंका ने मन में घर कर लिया तो चौबीस घण्टे वे उसी उधेड़-बुन में लगे रहते। शीला से बात करते तो केवल उसके विवाह के पूर्व के जीवन के विषय में। ससुराल पक्ष के सदस्यों से भेंट होती तो भी उनके प्रश्न शीला के मायके के क्रिया-कलापों के विषय में ही होते कि वह किस-किस

से मिलती थी, आस-पड़ोस के युवाओं या सहेलियों के भाइयों आदि से उसके सम्बन्ध किस प्रकार के थे, आदि-आदि, जैसे वे कोई सूत्र तलाश रहे हों जो उसकी यौन सम्बन्धी अग्रसरता पर प्रकाश डाल सके। जो काम वह पति को प्रसन्न करने और उनको अपने निकटतम रखने के लिए कर रही थी, अन्त में पति की नासमझी और सन्देह की प्रवृत्ति ने उसी तन्मयता को उसके विषाद का कारण बना दिया। जैसे ही वह पास आकर उनसे चिपटती, वे उसको झिड़क देते थे, कई-कई दिन पति-पत्नी एक-दूसरे को छूते तक न थे। शीला चकित थी, पतिदेव उसकी उत्कृष्ट कामुक सेवा तक से प्रसन्न नहीं थे बल्कि उसके लिए उसे दुत्कार तक देते थे। वह सहमकर उनसे दूर रहने लगी। महीने-पन्द्रह दिन में जब पति को उसकी निकटता की आवश्यकता होती तो भी वह अपने को रोके रहती इस भय से कि कहीं उसकी तत्परता उनकी चित्तवृत्ति को भंग न कर दे। वह एक निर्जीव की भाँति आत्म-समर्पण करने लगी थी, या यह कहा जाये कि किसी प्रकार की बाधा या ना-नुक़ुर नहीं करती थी। अगनी तुनकमिज़ाजी में पतिदेव अब उसकी इस अभिवृत्ति को अपने प्रति उदासीनता समझ बैठे, और इसके कारणों को उसकी अन्य मर्दों के प्रति सम्भावित आसक्तता में खोजने लगे। शीला हर दिशा से अपने को तिरस्कृत पाकर कुम्हलाई जा रही थी। उसका बहिर्मुखी व्यक्तित्व परिवार के सदस्यों के विरोधाभास और पति की विरक्ति से घुटा जा रहा था। इस घुटन से राहत पाने के लिए उसने आस-पड़ोस के बच्चों से निकटता बढ़ायी और अपना ख़ाली समय उनके साथ खेलने और बतियाने में व्यतीत करने लगी। उसकी संवेदनशील प्रवृत्ति, मृदुभाषिता और सम्मोहकता बड़े बच्चों को भी आकर्षित करने लगी। यहाँ तक कि मुहल्ले की युवा लड़कियाँ और लड़के भी उससे बतियाने को लालायित रहने लगे। धीरे-धीरे वे निजी विचार और समस्याएँ भी उसके समक्ष प्रस्तुत करने लगे। सास-जेठानी को उसकी आकर्षक छवि पहले ही से नागवार थी, उसकी लोकप्रियता

उनकी बर्दाश्त के बाहर हो चली। मनोहर के कानों में शिकायतें और जली-कटी टीका-टिप्पणियाँ पड़ने लगीं। एक शाम को जब वह घर का कूड़ा फेंकने गली में निकली तो उधर से जा रहा पड़ोस का एक युवक रुका और अपने झोले से एक पुस्तक निकालकर उसको देने लगा। पुस्तक के विषय में दोनों में बातचीत हुई और जैसे ही शीला प्रसन्न मुद्रा में उस युवक को धन्यवाद दे रही थी, मनोहर को कमरे के पर्दे की आड़ से वह दृश्य दिखा दिया गया। मनोहर के होंठ भिंच गये, भृकुटि तन गयी। आदत के अनुसार वे बोले कुछ नहीं, पलँग पर आँखें बन्द करके लेट गये और बेवफ़ाई के सन्देह की आग में जलने लगे।

शीला बिल्कुल अकेली पड़ गयी थी। कई-कई दिन किसी से बातचीत तक न होती थी। इस दशा में मायके से बुलावा आया, वह तुरन्त जाने के लिए उत्सुक हो गयी, मनोहर ने आज्ञा देने में औपचारिक विलम्ब तक नहीं किया जैसे उसको घर से बाहर करने के लिए वे भी जल्दी में थे। उसके पश्चात् कई महीनों तक उसकी ख़बर नहीं ली गयी, न वापसी के लिए कहलवाया गया। एक साल बीतने पर उसके बड़े भाई ससुराल का हाल-चाल लेने पहुँचे तो सास ने स्पष्ट कर दिया कि बहू को घर लाने की कोई जल्दी नहीं थी। मनोहर ने भी अपनी उदासीनता उजागर कर दी, परन्तु पत्नी से खिन्नता का कोई कारण स्पष्ट नहीं किया। छह माह और बीतने पर भी जब कोई सन्देश या संकेत न मिला तो मायके वाले समझ गये कि अलगाव पक्का हो चला है। समाज में कन्या का भविष्य घर-गृहस्थी के सन्दर्भ में ही आँका जाता है। अतः यदि कन्या किसी कारणवश अपनी घर-गृहस्थी से वंचित हो जाये तो उसकी उपयोगिता, उसका महत्त्व, मायके में भी देखते-देखते ही फुर्र हो जाता है। सवर्ण घरों में ऐसी स्त्री खेत-खलिहान के लायक भी नहीं होती और बहुत जल्द परिवार पर बोझ बन जाती है। ऐसा आभास होते ही शीला अपने अवहेलना और तिरस्कारपूर्ण जीवन से छुटकारा पाने के लिए व्याकुल हो चली। इसी समय उसके जीवन में पण्डित का आगमन हुआ।

पण्डित इसी गाँव के थे और अविवाहित थे। रहते किसी दूर शहर में थे मगर करते क्या थे किसी को मालूम न था। हाँ, जब गाँव आते तो कपड़े बड़े शानदार पहनते और बातचीत मज़ेदार करते। शीला के भाई के साथ पाठशाला में पढ़ चुके थे और जब भी गाँव जाते तो दो-चार चक्कर तो इस घर के अवश्य लगाया करते थे। इस बार शीला को वहाँ देखकर माजरा भाँपने में उन्हें समय नहीं लगा। शीला को एकान्त में पाने के लक्ष्य से वे समय बदल-बदल कर आने लगे और उससे बतियाने भी लगे। शहर जाने के पश्चात् वे एक ही महीने में फिर लौट आये। तीसरी बार जब वे इसी प्रकार लौटे तो शीला के परिवार के सामने उसे शहर के एक स्कूल में छात्राओं की देखभाल के लिए नौकरी का प्रस्ताव रख दिया। भाई असमंजस में थे, परन्तु भाभी पीछा छुड़ाना चाहती थीं। उन्हें अपने बच्चों, अपनी गृहस्थी को देखना था। इतने प्राणियों के संसार में आख़िर वे किस-किस का भला-बुरा सोचतीं। शीला भी उपेक्षा और तिरस्कार के जीवन से ऊब चुकी थी, इससे छुटकारा पाने के लिए उसने साहसी फ़ैसला कर डाला और पण्डित के साथ रवाना हो गयी। स्कूल की नौकरी तो बहाना थी, पण्डित ही इस समय उसके लेशमात्र जीवन-निर्वाह का एकमात्र सहारा थे। बदले में वह उसे सब कुछ देने को राज़ी थी।

शहर में भिन्न-भिन्न स्थानों पर छह महीने काटने के पश्चात् पण्डित शीला को बाबा के आश्रम ले आया। शीला समझ चुकी थी कि पण्डित अपनी होशियारी और हेरा-फेरी की कमाई ही घर लाता है, नौकरी या व्यवसाय तो उसका कुछ था नहीं। अलग-अलग लोगों और अलग-अलग परिस्थितियों के बीच रहने की वह आदी हो चुकी थी। सब लोग उसे विवाहिता मानकर यथोचित आदर देते थे, पण्डित उसके औरों से मिलने या बातचीत करने पर रोक नहीं लगाता था। उसकी मिलनसार एवं हँसमुख प्रवृत्ति सभी को आकर्षित करती थी और इसका लाभ पण्डित ले ही लेता था।

बाबा के आश्रम में भी ऐसा ही हुआ। जैसे ही उसे लगा कि शीला बाबा को भाने लगी है, उसने अपनी बात छेड़ दी।

बाबा के पैर दबाते-दबाते वह बोला, “बाबा, एक बात कहनी थी आपसे...।”

“बोलो क्या बात है...?” बाबा ने कहा।

“बाबा, आप तो संन्यासी हैं पर मैं गृहस्थ हूँ। आगे-पीछे का सोचना ही पड़ता है।”

बाबा समझ गये कि पण्डित अपनी कमाई के विषय में चिन्तित है। उन्होंने कहा, ‘क्या सोच रहे हो?’

“बाबा, आश्रम का इतना बड़ा बगीचा है, सारे के सारे फलों के पेड़ हैं। जिसका मन हुआ, तोड़ कर खा लिया। फलों से कुछ तो आमदनी हो ही सकती है।”

बाबा को इसमें कोई आपत्ति नज़र नहीं आयी। बाग़ का दायित्व पण्डित ने सँभाला। आश्रम में ठहरने वाले यात्रियों पर बाग़ के लिए कुएँ से पानी निकालने का श्रम एक तरह के शुल्क के रूप में जड़ दिया गया। बन्दरों और चिड़ियों से आस-पास के छोटे बच्चे निपट लेते थे। उन्हें भी फ़सल पर एक-आध अमरूद, कुछ जामुन आदि बीनने को मिल जाता था। फल तैयार होते ही पण्डित आश्रम के गेट पर दुकान लगाकर पथिकों से अच्छे-ख़ासे पैसे पैदा करने लगा। उधर शीला झाड़ू-बुहार और रसोई से निवृत्त होकर अधिकांश समय बाबा के पास ही बिताती थी। इसी बीच बाबा अस्वस्थ हुए और लगभग दो माह तक छत से नीचे नहीं उतरे। शीला ही उनकी देखभाल करती थी, हाथ-पैर दबाती थी, धूप में लिटाकर उनके तेल भी लगा देती थी। बाबा इस यौवना की तीमारदारी का आनन्द ले रहे थे। दूसरी ओर पण्डित धड़ाके से बाग़ की मिट्टी पास के ईंट-भट्टे को बेच रहे थे। बस, पेड़ों के तनों के चारों ओर की मिट्टी ही छोड़ दी जाती थी जिससे छत से देखने पर वृक्षों की टहनियाँ और पत्ते जस-के-तस नज़र आयें।

कहते हैं कि पेट भरने के बाद मनुष्य की सबसे ज्वलन्त प्रवृत्ति कामेच्छा ही है। यौवनारम्भ में जो यौनाकर्षण शुरू होता है उसका अन्त जीवन के साथ ही होता है। तारुण्य में अत्यधिक उद्यमी क्रिया-कलाप, अधेड़ अवस्था में अपने साथी-संगी के अलावा इधर-उधर की ताक-झाँक और बदलाव की लालसा, सठियाने के बाद गुज़रे ज़माने के लिए मलाल और दिन-रात युवा काठी को निहारने की फ़ितरत और उसके नज़दीक रहने की फिराक़। जीवन के इस पहलू में तृप्ति दुर्लभ होती है, शारीरिक क्षीणता अथवा मानसिक साधना केवल आक्रामकता को ही बस में रख पाते हैं, इच्छा को नहीं। बाबा भी इसी अवस्था से गुज़र रहे थे। उन्होंने अपने को रोकने की बहुत कोशिश की परन्तु उनका मन शीला की निकटता एवं उसके स्पर्श के लिए निरन्तर लालायित रहता था। अन्त में, जिस प्रकार शराबी अथवा कामुक व्यक्ति अपनी पिपासा की तृप्ति के लिए बहाना ढूँढ़ कर अपने मस्तिष्क की नैतिक आपत्तियों को शान्त कर देता है, उसी प्रकार बाबा भी इस निष्कर्ष पर पहुँचे कि पुरुष को स्त्री की आवश्यकता को झुठलाया नहीं जा सकता, उसको हासिल करना ही उसके बन्धन से छुटकारा पाने का एकमात्र सहारा है। फिर क्या था? बाबा ने शीला को बुलाकर अपने पास चारपाई पर बिठा लिया। शीला भी लज्जा और संकोच छोड़ बाबा की मोक्ष-प्राप्ति के लक्ष्य के लिए सहर्ष एक साधन बन गयी।

यह सिलसिला कुछ महीनों चला। वास्तव में शीला की छोटी- सी दुनिया की छोटी-सी आशाएँ थीं। खाना, कपड़ा, पुरुष का साथ, अपने यौवन और काठी के प्रति मर्दों का लालायित्व और आश्रम में आने-जाने वालों से हल्की-फुल्की बातें और हँसी-मज़ाक़ उसकी ख़ुशी के लिए पर्याप्त थे। मानसिक रूप से तो शीला बाबा की समकक्ष कदापि न थी, और अब उन्हें उसके क्रिया-कलापों में बचपना नज़र आने लगा था। इस प्रकार शारीरिक तृप्ति के साथ-साथ बाबा का शीला से मोहभंग भी हो चला।

दूसरी ओर पण्डित आश्रम की मिट्टी, लकड़ी, एक-दो वृक्ष और दो-चार हज़ार ईंट बेचकर फ़ारिग़ हो चला था। फलों के लिए तो लगभग एक वर्ष पड़ा था। आख़िर इस बीच काम कैसे चलेगा? सोच-विचार कर पण्डित ने वहाँ से खिसकने का मन बनाया और एक दिन बाबा से बोला, "घर से सन्देसा मिला है, माँ की हालत अच्छी नहीं है।"

बाबा उसकी बातों पर कभी भी विश्वास नहीं करते थे। उन्होंने एहतियातन कहा, "जाओ, दो-चार दिन माँ को देख आओ।"

"देख आने से शायद काम न चले," पण्डित बोला। "ख़बर अच्छी नहीं है। पड़ोस का श्याम किशोर मिला था, कह रहा था कि उठ-बैठ नहीं पातीं, सेवा-टहल की आवश्यकता है। पता नहीं कितने दिन और चलें...।"

अन्त में पण्डित ने स्पष्ट कर दिया कि उसे शीला को लेकर तुरन्त गाँव जाना पड़ेगा। शीला का अपने ही गाँव में वापिस जाकर पण्डित के घर रहना असम्भव प्रतीत होता था। बाबा समझ गये कि पण्डित किसी जुगाड़ में है और कोई नया अवसर तलाश चुका है। परन्तु वे कहते क्या, और करते क्या? थोड़ी देर बाद शीला उनका भोजन लेकर आयी। थाली उनके सामने रखकर चुपचाप खड़ी रही। बाबा कभी उसकी ओर देखते थे, कभी भोजन की थाली की ओर। कुछ देर बाद उन्होंने थाली सरका दी, भोजन को हाथ तक नहीं लगाया। शीला की आँख से आँसू टपक पड़े, वह सिसक-सिसककर रोने लगी। बाबा चारपाई से उठे और उसके कन्धे पर हाथ रखकर उसे चिपटाकर खड़े रहे। एक भी शब्द या वाक्य किसी के मुख से नहीं निकला। कई क्षण इसी दशा में गुज़र गये। तब शीला ने आहिस्ता से अपने को बाबा के आलिंगन से मुक्त किया और भोजन से भरी थाली उठाकर उनकी ओर देखने लगी। उसे मालूम था कि बाबा खाना नहीं छुयेंगे। थाली ले जाने के लिए वह जैसे ही ज़रा-सी मुड़ी तो बाबा ने बड़े दुःखी स्वर में कहा, "शीला, तुम्हें देने के लिए मेरे पास कुछ नहीं है...।"

कुछ सोचने के पश्चात वह बोली, "लेकर करूँगी भी क्या? वह तो पण्डित ही ले लेगा।" और यह कहकर वह धीरे-से चली गयी।

दोपहर बाद पण्डित छत पर आया और बाबा से विदा लेकर नीचे चला गया। शीला ऊपर नहीं आयी। थोड़ी देर में पण्डित के किसी यात्री से 'जय-राम' करने की आवाज़ बाबा के कानों में पड़ी। वे तुरन्त छत की मुँडेर पर पहुँचकर आश्रम के गेट की ओर देखने लगे। पण्डित-पण्डितानी बाहर निकलने ही वाले थे। शीला के हाथ में बिछौने का एक पतला-सा बंडल था, उसका सिर ढका था। गेट लाँघने से पहले वह यकायक मुड़ी और बाबा को मुँडेर पर खड़ा देख एक क्षण के लिए सहम गयी। फिर धीरे-से सिर नीचा करके वह वापिस मुड़ी और आश्रम के बाहर निकल गयी।

इन कुछ महीनों में शायद बाबा की स्त्री-सुख की लालसा शान्त हो चुकी थी और सम्भवतः वे अपने को एक अहम् विषाद से मुक्त पा रहे थे। परन्तु यह कहना कठिन होगा कि इस सबसे शीला को क्या मिला। न भौतिक सुख, न गहने, न वस्त्र, न विशेष आदर-सम्मान......शायद केवल एक ऊँचे वर्ग के व्यक्ति से निकटता का बोध, उसके जीवन में रस घोलने का हर्ष, बाबा की सेवा-सुश्रूषा में उनकी आत्मा की तृप्ति का अवलोकन...... पता नहीं हृदय और मानस की कौन-सी नसें कौन कैसे छू देता है और आत्मा को आनन्द और मन को शान्ति देकर चला जाता है।

शीला के जाने के बाद बाबा ने अपने को असमंजस की स्थिति में पाया। उनको न दुःख था, न किसी प्रकार की राहत। असल में वे कुछ सोच ही नहीं पा रहे थे, जिस प्रकार किसी अप्रत्याशित घटना के तुरन्त बाद दिल और दिमाग़ कुछ महसूस नहीं कर पाते हैं। दोपहर होते-होते उन्हें आश्रम में सूनापन लगने लगा। भोजन का भी समय हो चला था परन्तु आज कोई पूछने वाला नहीं था सो एक अनियोजित उपवास ही हो गया। बाबा ने कुएँ से जल निकाला, हाथ-मुँह धोया, एक खटोला खींचकर पेड़ की छाया में लाये और वहीं लेट गये। आस-पास के कुत्ते कुएँ की नाली में

इकट्ठा पानी पीकर बाबा के इर्द-गिर्द आकर बैठ गये जैसे किसी रिक्तता को भरने की कोशिश कर रहे हों।

शाम के समय दो-चार राहगीर आश्रम पर पहुँचे और बाबा से आज्ञा लेकर वहीं रात बिताने का इन्तज़ाम करने लगे। हाथ-मुँह धोकर जब वे चूल्हे के लिए सूखी लकड़ियाँ बटोर रहे थे तो बाबा ने उनके मुखिया को बुलाकर दो रुपये पकड़ाये और कहा, "अरे, कुछ सीधा ले आओ, अपने साथ ही दो रोटी मेरे लिए भी सेंक देना...।"

अधेड़ उम्र का ग्रामीण दो रुपये का नोट देखते ही दो क़दम पीछे हटकर बोला, "नहीं नहीं, बाबा...रुपया आप रखें। आप हमारी दो रोटी खाओगे हमारा भी उद्धार होगा।"

शाम के भोजन की व्यवस्था हो गयी। खा-पीकर बाबा ऊपर अपने कक्ष में जाकर सो रहे। दूसरे दिन प्रातः वे प्रसन्न मन से उठे और नीचे आकर शौच-क्रिया आदि में व्यस्त हो गये। नहाते समय वे अजीब-सा हल्कापन महसूस कर रहे थे, जैसे शीला से विछोह का बोझ उनके सीने से हट गया हो, जैसे वे एक प्रकार से स्वतन्त्र, स्वच्छन्द हो गये हों। स्वाभाविक रूप से भी वे पीछे मुड़कर देखने वालों में से नहीं थे, वर्तमान से जूझना ही उनकी फ़ितरत में था। और इस वर्तमान में उनको यकायक लगने लगा कि जैसे वे एक बन्धन से मुक्त हो गये हों, जैसे एक मोहपाश में फँसकर, उसमें डूबकर, नहाकर वे फिर उबरकर खुले आकाश के बीच आ गये हों। आज उनके मन में न कोई लालसा थी, न किसी की प्रतीक्षा, न किसी का मोह। वे वापस अपने निर्धारित पथ पर लौट आये थे और आगे चलने के लिए उत्सुक थे।

बाबा अब सप्ताह में दो-तीन बार ही बाहर निकलते थे। वह भी सीधे कचहरी, वहाँ से जो कुछ मुद्रा हासिल होती थी उससे रेवड़ी, बताशा, लैया आदि ख़रीद कर सड़क पर खेलते बच्चों को बाँटते हुए अपनी पुरानी कोठी के मार्ग से होते हुए वापस आश्रम आ जाते थे। जो रेज़गारी बचती थी उसे भी ग़रीब दिखने वाले

लोगों में बाँट आते थे। अपने लिए आश्रम में थोड़ा आटा, एक-दो मुट्ठी दाल और नमक ही उनकी पूरी जिंस हुआ करती थी। इसकी आवश्यकता भी उन्हें तभी पड़ती थी जब एक-दो दिन लगातार कोई यात्री उधर से न गुज़रे। हाँ, एक काम उन्होंने और शुरू कर दिया था। जब कभी उनकी जेब में पैसे नहीं होते थे, तो वे कोठी के भीतर चले जाते थे। शुरू में तो बड़ी बहू तुरन्त आदर-सत्कार के बाद भोजन के लिए आग्रह करती थी। बाबूजी खाते तो न थे, परन्तु रोटियाँ बँधवाकर ले जाते थे। थोड़े ही समय में बड़ी बहू को मालूम हो गया कि वे सब कुछ बाँटने के लिए ले जाते हैं। किसी भी गृहिणी को, चाहे वह सम्पन्न घराने की हो अथवा निर्धन, ऐसी फ़िज़ूलख़र्ची कभी रास नहीं आती। सो बड़ी बहू ने भोजन के लिए पूछना बन्द कर दिया, केवल चाय का प्रस्ताव ही बाबूजी के समक्ष रखा जाने लगा। यह अवश्य था कि अगर उन्होंने 'हाँ' कर दिया तो चाय निखालिस गाढ़े दूध की ही बनाई जाती थी।

बाबूजी ने भी अपनी ज़रूरतें पूरी करने के नये उपाय ढूँढ़ लिए। कोठी में अन्दर घुसते ही वे चारों ओर देखना शुरू करते थे कि कहाँ क्या रखा है ख़ासतौर से जिंस के कमरे के बाहर के बरामदे में। बहू की आँख बचाकर वे प्याज़, आलू, सुखाने के लिए रखी गयी दालें आदि जल्दी-जल्दी अपने कुर्ते की जेबों में भर लेते थे। इस तरह आश्रम लौटते समय उन्हें माँगने वालों से शर्मिन्दा नहीं होना पड़ता था। परन्तु बालकगण जो बाबा से रेवड़ी-बताशा की अपेक्षा करने लगे थे, उन्हें प्याज़-आलू रास नहीं आता था। पहली बार जब एक बच्चे के हाथ में उन्होंने एक प्याज़ रखा तो वह पलट कर बोला, "जे का?"

एक बार तो लड़कों ने आलू-प्याज़ ले लिया, दूसरी बार लेने से इनकार कर दिया। बीच में उनको बताशा आदि मिलता रहा मगर फिर एक ऐसा दिन आया जब फिर वही आलू-प्याज़। उस दिन एक लड़का बोला, "क्यों बुढ़ऊ, बताशे ख़ुद खा गये?"

सब लड़के हँस दिये, बाबा कुछ न बोले। लड़कों की ज़बान खुलती जा रही थी। उनकी स्वाभाविक आक्रामकता और उद्दण्डता जो अक्सर बुड्ढों, निर्धनों और अपने से कमज़ोर बच्चों को त्रस्त करने में अपनी तृप्ति प्राप्त करती है, और मुखर हो रही थी। एक दिन एक लड़का लैया आदि नहीं पाया तो बोला, 'अबे बुड्ढे, और क्यों नहीं लाया? साला, चुन-चुन कर देता है...।"

यह सुनकर बाबा को दुःख भी हुआ और आक्रोश भी। वे अपनी मर्ज़ी से अपना धन बाँट रहे थे, परन्तु ये लौंडे उस पर अपना अधिकार समझने लगे थे, न पाने पर ऐसे अपशब्द, न उम्र का लिहाज़, न उनकी हैसियत से वाक़िफ़...इनकी ऐसी-की-तैसी। वे सब देना-दिवाना बन्द कर देंगे, उन्हें क्या पड़ी है कि सड़क की गन्दगी को अपने हाथ लगाते घूमें...भाड़ में जायें ऐसे निर्धन, चाहे बूढ़े, चाहे बच्चे, देते रहो तो सब ठीक है, देने के लिए जेब में कुछ न हो तब इनके रंग देखो...ऐसे घूरते हैं जैसे ऋणी हैं हम, इनका उधार खाये बैठे हैं...।

रात तक ग़ुस्सा शान्त हुआ। चारपाई पर पड़े-पड़े यकायक उन्हें एक ख़याल आया—आख़िर एक जानवर को भोजन दिया जाये तो वह भी कुछ पाने की आशा में नियन्त्रित रूप से आने लगता है और न पाने पर अपने स्वभाव के अनुसार आग्रह भी करने लगता है। जैसे आटा पाने वाली गाय का दरवाज़े पर आकर हुँकार लगाना, जैसे परके हुए मोर का समय से आकर आटे की गोली के लिए गुहार लगाना। अन्तर सिर्फ़ इतना है कि जानवर केवल अपेक्षा करता है, प्रेम और कृतज्ञता से आपकी ओर निहारता है, माँगता है, और मनुष्य...मनुष्य छीना-झपटी पर उतर आता है...फिर भी स्वभाव तो एक ही है, प्रतिक्रिया अवश्य भिन्न-भिन्न।

बाबा सोचते रहे कि यह तो मुफ़्त में कुछ पाने वालों की प्रतिक्रिया रही परन्तु देने वाले की प्रतिक्रिया कैसी होनी चाहिए? देने वाला तो दया से प्रेरित है, और दया में बड़प्पन, और बड़प्पन में अंहकार निहित है। यह विचार आते ही वे रात के अँधेरे में

उठकर छत पर टहलने लगे। क्या उनकी परेशानी का कारण उनका अंहकार ही था? एक प्रकार से बच्चों की प्रतिक्रिया तो स्वाभाविक थी। उन्होंने तो कुछ माँगा नहीं था, स्वयं बाबा ने ही उनको रेवड़ी-बताशे का आदी बनाया था। उनकी प्रत्याशा को जीवित करके उसकी तृप्ति का दायित्व न निभाना—इसका दोष तो उन्हीं के पाले में जाता था। यह अलग बात थी कि उन्होंने अपने जीवन में असभ्यता या उग्रता का सामना नहीं किया था, किसी ओर से किसी की हिम्मत या हैसियत नहीं थी जो उनसे अशिष्ट व्यवहार कर पाता। परन्तु यह लड़के क्या जानें कि वे कौन थे और वे किसे अपमानित कर रहे थे?

यही सोचते-सोचते नहीं मालूम कि कब वे अपनी शैया पर लेटे, कब सोये और प्रातः कब उठे। जब आश्रम से कचहरी की ओर चले तो उनके क़दम दृढ़ थे, मुख पर एक नये निर्णय की आभा थी। कचहरी में वे थोड़ी ही देर रुके। कुछ रुपया प्राप्त कर वे तुरन्त वहाँ से चल दिये। रास्ते में उन्होंने बताशे ख़रीदे और आश्रम की ओर चल पड़े। जहाँ भी बालकों का झुंड दिखा वे रुके और छोटे बच्चों को बताशे बाँटने लगे। अधिक उम्र के बालक, विशेषतः वे जो अक्खड़ और उद्दण्ड दिखते थे उनको वे कुछ नहीं दे रहे थे। पहले एक दो दिन तो ऐसे बालक कुछ नहीं बोले, परन्तु आख़िर में उनसे रहा नहीं गया।

"क्यों बे बुड्ढे! हमें क्यों नहीं देता?" एक बालक ने पूछ ही लिया।

बाबा ने जानबूझ कर अनसुनी कर दी। दूसरे दिन कुछ लड़के और भी उग्र हो गये। उन्होंने बाबा से लैया और बताशे छीन लिए। तीसरे दिन जब वे छीना-झपटी करने लगे तो बाबा चिल्लाये, "अबे, हरामख़ोर! नहीं दूँगा। ज़ोर-ज़बरदस्ती है...? अभी मार-मार के ठीक कर दूँगा...बदमाश कहीं के...।"

अगले दिनों में बाबा और बालकों के बीच की तक़रार और बढ़ती गयी, इतनी कि बाबा को देखते ही कुछ लड़के उन पर

टूट पड़ते थे और ज़बरदस्ती उनसे खाद्य-सामग्री लूट लेते थे। थोड़ी धक्का-मुक्की भी हो जाती थी और बाबा के गंजे सिर पर एक-आध टीप भी लग जाती थी। परन्तु बाबा रोज़ ऐसे ही बालकों के बीच पहुँचते थे और रोज़ाना गालियाँ, थोड़ी-बहुत मार खाकर अपने आश्रम पहुँचते थे।

बाबा और बालकों की रोज़ाना की नोक-झोंक चर्चा का विषय बन गये और इसकी रपट कोठी तक जा पहुँची। परिवार वालों को विस्मय हुआ, फिर उद्दण्ड बच्चों पर आक्रोश। कनिष्ठ पुत्र ग़ुस्सैल थे उन्होंने तुरन्त दो हट्टे-कट्टे नौकरों को बुलाकर आदेश दिया, "कल से दोपहर को आप लोग कचहरी पहुँचेंगे और वहाँ से बाबूजी के पीछे-पीछे चलेंगे। अगर लौंडे बदतमीज़ी करते हैं तो उनकी अच्छी धुलाई हो जानी चाहिए।"

नौकर ज़मींदारी के काश्तकार परिवारों के थे, सब-कुछ समझते थे। आदेश के पालन के लिए दृढ़ता से सिर हिलाकर चल दिये। परन्तु ज्येष्ठ पुत्र इस समस्या पर बारीक़ी से विचार करने के बाद बोले, "छोटे, यह तो तुम कभी भी करवा सकते हो...मेरी समझ से एक बार बाबूजी से भी पूछ लिया जाये कि वे ऐसा क्यों कर रहे हैं...।"

"बाबूजी सठिया गये हैं," कनिष्ठ पुत्र आक्रोश में बोले, "किरकिरी तो हम लोगों की हो रही है अगर आपको उनका बहुत ख़याल है तो उन्हें घर में बिठाइये, नहीं तो ऐसा ही करना पड़ेगा...।"

"जल्दबाज़ी न करो छोटे...," बड़े भाई ने समझाया। "लड़कों को पिटवाने पर बात का बतंगड़ ही बनेगा। जिसने न सुना होगा वह भी जान जायेगा और मज़ा लेगा। हमें बाबूजी को ही रोकना होगा नहीं तो दो-चार दिन बाद फिर वही तमाशा होगा।"

यह वार्ता चल ही रही थी कि उनके चचाज़ात भाई अखिलेश और मधुकर वहाँ आ पहुँचे। वे भी दो-चार दिनों से बाबूजी और सड़क के बच्चों के बीच की हाथापाई, गाली-गलौज़ के क़िस्से सुन रहे थे और इस पर उत्तेजित भी थे।

"अरे भाई साहब, यह बाबूजी को क्या हो गया है?" अखिलेश बाबू बोले। "एक वह पण्डितानी...अब क्या कहा जाये...लोग तो बकवास करते ही हैं। फिर भी वह दूर आश्रम का मामला था... परन्तु यह तो...।"

बाक़ी मधुकर ने पूरा किया—"लोग कहते हैं कि तुम्हारे ताऊ बच्चों को गालियाँ बकते हैं और पलट के लौंडे उन्हें और गन्दी गालियाँ देते हैं, उनके कपड़े फाड़ देते हैं, उनको ढेले भी मारते हैं, जैसा पागलों के साथ करते हैं। और, बाबूजी? सुना है वे हँसते रहते हैं और जान बचाकर भागते हैं...।"

बाबूजी के हँसने की बात सुनकर ज्येष्ठ भ्राता गम्भीरता से सोचने लगे। उन्हें लगा कि यह एक साधारण-सी घटना नहीं थी, पता नहीं बाबूजी किस नयी फ़ितरत में हों...।

आख़िर में तय हुआ कि मधुकर, जिनकी वाणी विनम्र थी और स्वभाव सहनशील, वे ही जाकर बाबूजी से बात करें और उन्हें समझायें। दूसरे दिन प्रातः वे आश्रम पहुँचे और चरण-स्पर्श के बाद बाबूजी के पैताने बैठ गये। कुशलक्षेम की औपचारिकता के बाद बाबूजी ने पूछा, "कहो, कैसे आये?"

"कुछ दिनों से आपसे आशीर्वाद नहीं लिया था...इसलिए...।"

कुछ क्षण शान्त रहने के पश्चात् वे फिर बोले, "अरे ताऊजी, यह लड़के आपको क्यों तंग करने लगे हैं? मुहल्ले के लोग कह रहे थे कि ब्रह्मपुरे के लौंडे कुछ ज़्यादा ही उद्दण्ड हो गये हैं, हर बूढ़े को पागल समझकर छेड़ते है...।"

बाबूजी ने कोई उत्तर नहीं दिया। मधुकर ने बात और बढ़ाई— "छोटे भैया कह रहे थे कि यह लौंडे आपको गाली देते हैं। भैया बहुत ग़ुस्से में थे। वे कल ही इन लौंडों को ठीक करने का मन बना रहे हैं। कल से शायद गेंदा और रशीद आपके साथ आया-जाया करेंगे।"

बाबा हँसे और बोले, "तुम लोग नाहक मेरे लिए परेशान होते हो। दो-चार बातें बच्चों ने कह दीं, दो-चार हमने, तो इसमें कौन बड़ा अनर्थ हो गया...।"

"अरे, आपको कोई गाली दे, कोई ढेला मारे और हम केवल देखा करें? आपके नाम से सारा ख़ानदान जाना जाता है, आपके कारण किसी की हिम्मत है कि हमारे एक बच्चे को कोई उँगली भी लगा दे? और अब आप ही के साथ...?"

"अब मेरा क्या...तुम लोग अपना सोचो।"

बात आगे बढ़ती न देख मधुकर वापस लौट गये। अगले दिन से फिर वही रपटें आने लगीं। बाबूजी रोज़ाना बच्चों से उलझने पहुँच जाते थे और रोज़ अपनी भद्द करा के चले आते थे। मधुकर को फिर आश्रम भेजा गया, इस बार बाबूजी से सख़्ती से कहने के लिए कि वे आश्रम पर ही रहें तो बेहतर होगा। वैसे भी उन्हें शहर से लेना-देना ही क्या था?

मधुकर ने परिवार की व्यथा बयान की और आग्रह किया कि वे बच्चों से उलझना बन्द करें। बाबूजी ने कोई उत्तर नहीं दिया, एक हल्की मुस्कान धरे मौन बैठे रहे। मधुकर वार्ता को निष्कर्ष पर ले जाने को उत्सुक थे, बोले, "लगता है कि बच्चों की हरकतों से आपको कोई आपत्ति नहीं है...।"

"बच्चों का स्वभाव ही शरारत करने का होता है, इसमें आपत्ति कैसी?" बाबा हँसकर बोले।

कुछ देर सोचने के पश्चात् मधुकर ने पूछा,—"तो क्या यह सब आप स्वयं ही करते-कराते हैं?"

बाबा गम्भीर मुद्रा में आ गये और बोले, "तुम नहीं समझोगे...।"

"फिर भी...," मधुकर ने कहा। बाबा जानते थे कि परिवार वाले इस बात को लेकर उनके पीछे पड़े रहेंगे क्योंकि यह उनके आत्म-सम्मान पर आघात था।

"तो सुनो," बाबा ने कहा, "मेरा झगड़ा बच्चों से नहीं है। यह झगड़ा तो मेरे अपने अहम् से है। रोज़ बच्चों से इसे पटकी दिलाता हूँ, फिर भी कभी-कभी सिर चढ़कर बोलने लगता है।"

बाबा की भवें तन रही थीं, श्वास जल्दी-जल्दी लेते हुए वे बोले, "मगर मैं इसको कुचलकर रख दूँगा, ऊपर जाने के पहले इसको मसल कर रख दूँगा...।"

मधुकर मुँह बाये बाबा को देखते रह गये, ऐसे जैसे किसी को आसमान के ऊपर की दुनिया की झलक मिल गयी हो, या समुद्र की गहराई में झाँकने का अवसर मिल गया हो। वे कुछ न कह पाये। बाबा स्वयं अपनी दुनिया में लौट चुके थे, वे मधुकर की मौजूदगी का एहसास खो चुके थे। थोड़ी देर में मधुकर आहिस्ता से उठे, दूर से बाबा के पैरों की ओर अपना दाहिना हाथ बढ़ाकर नमन किया और चुपचाप आश्रम से चले गये।

कुछ ही दिनों में परिवार वालों ने बच्चों के बाबा के प्रति क्रिया-कलापों की ओर ध्यान देना बन्द कर दिया। समाज भी नित्य नये शगूफ़े अपने मनोरंजन के लिए खोजता है, रोज़मर्रा की घटनाओं से उसका ध्यान स्वयं हट जाता है। उधर बालकों को भी अब बाबा को सताने में मज़ा कम आने लगा था क्योंकि वह बुड्ढा पलटकर जवाब ही नहीं देता था। घण्टो-घण्टो बाबा सड़क के किनारे किसी मकान की सीढ़ी पर बैठे रहते, कुछ बच्चे आकर उनकी जेब-तलाशी लेते और जो कुछ मिलता उन्हीं के पास बैठकर खाते। धीरे-धीरे बच्चे उन्हें उठने-बैठने में सहारा देने लगे, उनका सोटा उनको पकड़ा देते और मुहल्ले की हद तक उनको छोड़ भी आते थे।

बाबा पूर्ण रूप से उदासीन हो चले थे, रात या दिन, गर्मी अथवा सर्दी, भूख-प्यास से ऊपर हो चले थे। हाँ, यह अवश्य था कि दो-एक दिन भोजन न मिले तो क्षीणता बढ़ जाती थी। कचहरी के अवकाश के दिनों में यात्री भी कम आते थे। अतः जब भूख तीव्र होती थी तो वे अपने लिए दो-चार मोटी रोटियाँ सेंक लेते थे। जो खाते बनीं सो खायीं, बची रोटियाँ वे रख लेते थे। जब वे सूख कर चबाने लायक नहीं रहती थीं तो बाबा उन्हें पानी में डुबोकर नरम कर लेते थे और नमक से खा लेते थे।

एक बार बनाया हुआ भोजन लगभग एक सप्ताह तक भूख को उनसे दूर रखता था। मगर अब उनसे छत पर नहीं जाया जाता था। रज़ाई और एक-दो कपड़े उसी चारपाई पर पड़े रहते थे जिस पर आँखें मूँदे वे कई-कई दिन पड़े रहते थे। दूसरे-तीसरे दिन कोठी से कोई-न-कोई आकर उन्हें देख जाता था, वहाँ से लाया गया भोजन या कोई अन्य वस्तु वे स्वीकार नहीं करते थे।

समय बीतता गया। एक वह दिन भी आया जब उनका बड़ा नाती उन्हें देखने आया। बाबा चारपाई पर पड़े थे, पुकारने पर एक बार भी उन्होंने चक्षु नहीं खोले, धीमी साँस से पता चलता था कि वे जीवित हैं। नाती ने उन्हें छुआ तो जिस्म गरम था, जैसे तेज़ ज्वर उन्हें पकड़े था। नाती ने तुरन्त घर जाकर सूचना दी। ज्येष्ठ पुत्र नौकरों समेत मोटरगाड़ी से वहाँ पहुँचे। बाबूजी को उठाकर मोटर की सीट पर लिटाकर घर ले आये। शीघ्र ही डॉक्टर भी आ गया। डॉक्टर ने राय दी कि मरीज़ को तुरन्त अस्पताल ले जाया जाये। घर वालों की कानाफूसी बाबा के कानों में पड़ी तो उन्होंने आँख के इशारे से नाती को अपने पास बुलाकर उसके कान में कहा, "बड़े नवाब आये थे...बुलाने के लिए...।"

बड़े नवाब उनकी जवानी के साथी थे, हमप्याला, हमनिवाला थे, उनको मरे हुए लगभग बीस साल हो चुके थे। बाबूजी को उनके द्वारा बुलाये जाने का अर्थ सब समझते थे। फिर भी, अपनी कोशिश तो होनी ही थी, बाक़ी भगवान की मर्ज़ी। बिस्तर से उठाते समय उन्होंने नाती के कान में इतना अवश्य कह दिया, "अपनी ख़ुशी के लिए ले चलो, वैसे अब समय आ गया है।"

अस्पताल पहुँचते ही सिविल-सर्जन साहब ने स्वयं आकर मुआयना किया। बाबूजी को ऑक्सीजन-टेंट में रखा गया। रात होने लगी थी, भोजन के लिए जाने से पहले सिविल-सर्जन साहब ने नब्ज़ पर हाथ रखा। कुछ देर पश्चात् अलग हटकर परिवार के सदस्यों से कहा,—"बीमारी कोई नहीं है। बस, मशीन फ़ेल हो रही है...।"

रात के दस बज रहे थे। सिविल-सर्जन अपने बँगले से चलकर आ पहुँचे थे। उन्होंने नब्ज़ पर हाथ रखा और वैसे ही नब्ज़ पकड़े बैठे रहे। समय-समय पर वे सिर हिलाते तो सब समझते कि नब्ज़ अभी चल रही है, फिर लगभग पाँच मिनट तक वे बाबूजी का हाथ पकड़े रहे और एक बार भी उनका सिर नहीं हिला। अन्त में वे उठकर खड़े हुए और बोले...'बाबू शिवनारायन चले गये...।'

* * * * *

वर्षों बाद तक जब भी पूरा परिवार छुट्टियों अथवा त्योहारों पर एकत्र होता था तो नाती-पोतों के बीच बाबू शिवनारायन के विषय में चर्चा अवश्य छिड़ जाती थी। उनके जीवन की छोटी से छोटी घटनाओं को याद किया जाता था, उनका विश्लेषण किया जाता था, परन्तु कभी भी दोष ढूँढ़ने की नीयत से नहीं बल्कि समादर से और एक प्रकार की ईर्ष्या से कि काश उनमें से भी कोई इस प्रकार का जीवन व्यतीत कर पाता। एक नाती बृजेन्द्र, जो ज़्यादा ही मुँहफट था, एक दिन बोला, "कुछ भी हो, बुड्ढा बड़ा रंगीन था...।"

जतिन ने भी अपना दृष्टिकोण सामने रखा "हाँ यार, कोई करम नहीं छोड़ा। न रहन-सहन में, न खाने-पीने में और न...।" आगे की बात अनकही छोड़ दी।

"देखो, आज भी उन्हीं के बनवाये घर में उन्हीं के सोफ़ा-सेटों पर हम बैठे हैं...याद है वह बैलगाड़ी जो गाँव जाने के लिए उन्होंने बनवाई थी जिसमें स्प्रिंग और जूट के गद्दे के ऊपर चमड़े की चादर मढ़ी थी...," मनीष ने कहा।

"हाँ, उसी में तो वह गूजरी साथ जाती थी, अरे वह गोरी-गोरी, पाँव में चाँदी के छल्ले और ऊँचा लँहगा...।" बृजेन्द्र ने कहा।

"अरे! कहाँ तक गिनोगे?" मनीष बोला, "मगर ऐश और ऐयाशी के अलावा उनका ग़ुस्सा भी ग़ज़ब था। कितनों को बेघर कर दिया, कितने उनके इशारे पर ऊपर भेज दिये गये,

कितनी गड़बड़ियाँ मुक़दमों में कीं, कितनी जायदादें, सम्पत्तियाँ हड़प लीं...।"

"फिर भी बुड्ढा हमेशा कामयाब ही रहा, कोई लड़ाई नहीं हारा...," जतिन ने कहा।

"मगर कभी सोचा है कि बुड्ढा इस समय कहाँ होगा?" बृजेन्द्र ने ऊँची आवाज़ में पूछा और आगे कहा, "नरक में या स्वर्ग में?"

सब लोग अपनी-अपनी प्रवृत्ति के अनुसार इस सवाल का उत्तर ढूँढ़ने लगे।

"बड़ा मुश्किल सवाल है यह...," मनीष ने कहा।

कुछ क्षणों के बाद बड़े नाती की आवाज़ आयी, "भई, बुज़ुर्गवार बड़े हिक़मती थे, बल्कि बड़े फ़ितरती थे, कभी कोई बाज़ी हारे नहीं। यदि नरक है और स्वर्ग है तो मुझे ताज्जुब नहीं होगा कि वे सबसे अच्छी जगह घुस लिए हों...।"

* * * * *

अधेड़ उम्र हो जाने तक सबसे अधिक बदलाव बृजेन्द्र के स्वभाव और प्रवृत्ति में आया। वह अपने अवकाश के दिन अधिकतर हिमालय के पहाड़ों और वादियों में ही व्यतीत करता था। बद्रीनाथ, केदारनाथ, हेमकुण्ड साहिब आदि स्थानों के इर्द-गिर्द ही उसका समय कटता था। कुछ तपस्वी साधुओं से उसका अच्छा परिचय हो चला था, उनकी संगत और उनके विचारों से लाभ उठाने का चाव उसे हो गया था। विशेषतः एक महात्मा, जिन्होंने अमरीका में विद्या ग्रहण करने के पश्चात् वहीं एक अत्यन्त लाभप्रद नौकरी कर ली थी और कुछ वर्षों बाद सब कुछ त्याग कर वैराग्य के मार्ग पर आ गये थे। एक बार नन्दप्रयाग के क्षेत्र में महात्मा जी बृजेन्द्र को साथ लिए भ्रमण कर रहे थे।

मन्दाकिनी के किनारे एकान्त में एक छोटा-सा आश्रम था, बल्कि एक गुफ़ा थी जिसके बाहर एक छोटा आँगन था जो दो-तीन फ़ीट की पत्थर की दीवार से घिरा था, उसमें एक आने-जाने का

द्वार था। एक बूढ़ी संन्यासिन जो 'माई' के नाम से प्रख्यात थीं, दिन-रात नरसिंह भगवान की मूर्ति के सामने जप-तप में लीन रहती थीं। आस-पास के ग्रामीण जंगल से लकड़ी लाते और सन्ध्या समय आँगन में माई के लिए आग जलाकर चले जाते थे। अक्सर जंगली जानवर सर्दी से बचने के लिए आग के पास आकर बैठ जाते थे। एक सायंकाल महात्मा जी बृजेन्द्र को माई के दर्शन कराने ले गये। जैसे ही उन्होंने द्वार में प्रवेश किया बृजेन्द्र का दिल दहल गया। आग की रोशनी में उसने दो बाघों को आँगन के फ़र्श से उठते देखा और एक ही क्षण में वे दोनों जीव महात्माजी और बृजेन्द्र के बीच होकर द्वार के बाहर निकल गये।

कुछ क्षणों के बाद जब बृजेन्द्र की साँस ठीक हुई तो उसने माई के चरण-स्पर्श किये और उनके इशारे पर पास बैठ गया। महात्मा जी ने आदर से कहा, "माई, यह बृजेन्द्र हैं। आपके दर्शन की तीव्र इच्छा प्रगट कर रहे थे, सो मैं इन्हें यहाँ ले आया।"

माई ने सिर हिलाकर सूचना स्वीकार की। उनके मुख पर परम-आनन्द की आभा छायी हुई थी और एक मन्द मुस्कान सदा उनके चेहरे और आँखों में खेलती दिखाई देती थी। उनकी उपस्थिति में लगता था जैसे जीवन में कष्ट नाम की कोई चीज़ है ही नहीं।

"बृजेन्द्र आजकल जीवन के उस पार की जिज्ञासा में फँसे हैं," महात्माजी ने माई को सम्बोधित करके कहा। "इनका चिन्तन एक विशेष बिन्दु पर केन्द्रित है—कि मनुष्य स्वर्ग अथवा नरक किन कर्मों से पहुँचता है, क्या त्याग ही इन्द्रियों को वश में करने का एकमात्र उपाय है, क्या साधारण जीवन के मध्य आशाओं, अभिलाषाओं को तृप्त करते हुए आत्मा को संसार से मुक्त नहीं किया जा सकता...।"

माई ध्यान से बृजेन्द्र की ओर देख रही थीं। जब वे कुछ नहीं बोलीं तो महात्माजी ने कहा, "सोचता हूँ कि इनको 'पितर पहाड़ी' पर ले जाऊँ, सम्भव है कि वहाँ किसी को पहचान कर यह स्वयं अपने निष्कर्ष निकाल लें...।"

माई ने फिर सिर हिलाया और एक हाथ बृजेन्द्र के माथे पर आशीर्वाद के रूप में रख दिया। माई के चरण-स्पर्श के पश्चात् दोनों वहाँ से चल दिये।

अगले दिन जब सूर्यास्त की वेला निकट थी तो महात्मा जी बृजेन्द्र को पगडण्डी से एक पहाड़ी के ऊपर ले आये। रास्ते में उन्होंने बताया था कि इस पहाड़ी पर लोग अपने पितरों के दर्शन करने आते हैं। सायंकाल जब झुटपुटा होने लगता है तो बैकुण्ठवासी सामने के ऊँचे पर्वत पर पश्चिम दिशा को जाते दिखते हैं। सन्तों का मानना है कि जो मनुष्य स्वच्छ भाव से अपने पूर्वजों का ध्यान करता है वह अपने पितरों को उस पहाड़ के ऊपर जाता देख पाता है।

लगभग आधे घण्टे तक बृजेन्द्र टकटकी लगाये उस पहाड़ के ऊपर देखता रहा। उसकी आशा क्षीण हो ही रही थी कि एकदम से पहाड़ के ऊपर कुछ हिलता नज़र आया। एक-दो क्षणों में वहाँ मनुष्यों के आकार दिखने लगे। अधिकांश वृद्ध थे, परन्तु कुछ युवा भी, स्त्री-पुरुष सब एक वस्त्र धारण किये थे, वस्त्रों के रंग बृजेन्द्र की चेतना में नहीं आये, और सभी या तो अकेले या छोटे समूहों में शृंखलाबद्ध होकर पश्चिम की ओर जा रहे थे। बृजेन्द्र को कोई परिचित चेहरा नज़र नहीं आया। इतने में एक सफ़ेद दाढ़ी वाले साधु दिखने वाले व्यक्ति के साथ एक और चेहरा दिखा। यह चेहरा कुछ परिचित लगता था। बृजेन्द्र एकाग्रता से उस चेहरे को पहचानने की कोशिश कर रहा था। अचानक उसके मुँह से एक शब्द निकल पड़ा—'बाबा...!'

❑❑